图解法律丛书 法律原来如此好看

GRAPHIC

图解治安管理处罚法

图解法律团队 编

法律出版社
LAW PRESS·CHINA
北京

图书在版编目（CIP）数据

图解治安管理处罚法／图解法律团队编．--北京：法律出版社，2025．--（图解法律丛书）．-- ISBN 978-7-5244-0038-7

Ⅰ．D922.145

中国国家版本馆 CIP 数据核字第 20258V3C04 号

| 图解法律丛书 | 图解治安管理处罚法 TUJIE ZHIAN GUANLI CHUFAFA | 图解法律团队 编 | 策划编辑 林 蕊 责任编辑 周 洁 林 蕊 装帧设计 李 瞻 |

出版发行 法律出版社	开本 880 毫米×1240 毫米 1/32
编辑统筹 司法实务出版分社	印张 5.75　字数 200 千
责任校对 王晓萍	版本 2025 年 7 月第 1 版
责任印制 胡晓雅	印次 2025 年 7 月第 1 次印刷
经　　销 新华书店	印刷 三河市龙大印装有限公司

地址：北京市丰台区莲花池西里 7 号（100073）
网址：www.lawpress.com.cn　　销售电话：010-83938349
投稿邮箱：info@lawpress.com.cn　　客服电话：010-83938350
举报盗版邮箱：jbwq@lawpress.com.cn　咨询电话：010-63939796
版权所有・侵权必究

书号：ISBN 978-7-5244-0038-7　　定价：49.00 元

凡购买本社图书，如有印装错误，我社负责退换。电话：010-83938349

图解法律：法律原来这么"好看"（代序）

欢迎来到"图解法律"的世界！

我们将用"图解法律"丛书解读法律的格式展现每篇的结构和特点。

■ 这是一套什么书？

沿革：摒弃烦琐的表格对照，用简明的语言总结法律变化，理解修改的核心问题，让人一看就懂。

追求"词典"式解读方式，注释位置紧随法条，免去来回翻阅查找之苦

我们想用一套不一样的丛书，帮助专业法律人重新快速、直观准确地了解我们"熟悉"的法律，帮助没有法律知识背景的人快速了解法律规定。实现这一目标的方式便是"图"。

延伸：尽可能展示相关法律规定，拓展丰富，提升认知。

解读：融合理论与实务知识，不求精深、细碎，追求务实精炼，帮助读者用更少的时间、精力获得更多知识。

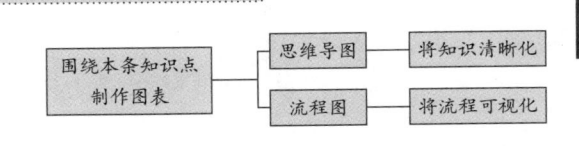

图表：围绕本条知识点制作图表 → 思维导图 → 将知识清晰化；流程图 → 将流程可视化

本丛书编排独具匠心，内容丰富务实。

将图形化、可视化思维融入法律解读。

书中的条文都采取大图（图景）套小图（图表）的模式：

大图——围绕每个法律条文创作实用图景：中心为法条原文，并用导引线直接标注法律术语的解释、关键信息提示等。四周分别为"沿革""解读""延伸""图表"。

小图——思维导图、流程图紧扣每个法条的要点内容，一目了然，方便读者理解、记忆。

解读全面准确，逻辑清晰易懂。

本丛书从法律沿革、名词解释、法条解读、流程图表到法律延伸，全方位对法条进行解读。无论是理论重点还是实务要点，都有专业解读，一应俱全。

本丛书还特别重视法律内部知识的逻辑勾连，注释部分尽量"用法条解释法条"，延伸也特别注意本法相关法条的收集整理，帮助读者融会理解。

多种使用场景，满足不同读者需要。

这套书有多种打开方式：你可以当它是法条，小巧便携，方便查阅；你可以当它是学习辅导书和实务指南，分析专业，晓畅明白；你可以当它是法律小词典，细化术语，解读丰富；你可以当它是法考复习资料，提炼要点，图表易记；你还可以当它是普法读本，深入浅出，易于理解。

图解法律的 N 种使用方式，等您来开启。

图解法律团队

2024 年 6 月

目录
CONTENTS

第一章 总则 ··· 1
 第一条 立法目的 ·· 2
 第二条 坚持党的领导和综合治理 ·· 3
 第三条 违反治安管理行为的特征和性质 ·· 4
 第四条 治安管理处罚的程序规定 ·· 5
 第五条 适用范围 ·· 6
 第六条 治安管理处罚的基本原则 ·· 7
 第七条 主管部门和管辖 ·· 8
 第八条 违反治安管理的行为与民事责任、刑事责任 ·························· 9
 第九条 调解处理治安案件 ··· 10

第二章 处罚的种类和适用 ··· 11
 第十条 处罚的种类 ··· 12

第十一条　违禁品、非法财物、违法所得的处理……13

第十二条　未成年人违反治安管理的处罚……14

第十三条　对精神病人、智力残疾人的处罚……15

第十四条　对盲人或者又聋又哑的人的处罚……16

第十五条　对醉酒的人的处罚及措施……17

第十六条　对实施多种违反治安管理行为的处理……18

第十七条　对共同违反治安管理的处罚……19

第十八条　单位违反治安管理的处罚……20

第十九条　正当防卫……21

第二十条　从轻、减轻或者不予处罚……22

第二十一条　从宽处罚……23

第二十二条　从重处罚……24

第二十三条　不执行行政拘留处罚的情形……25

第二十四条　未成年人矫治教育……26

第二十五条　违反治安管理行为的追究时效……27

第三章　违反治安管理的行为和处罚……28
第一节　扰乱公共秩序的行为和处罚……29
第二十六条　扰乱单位、公共场所、公共交通工具和选举秩序的行为和处罚……29

第二十七条　扰乱考试秩序的行为和处罚……30

- 第二十八条　扰乱大型群众性活动秩序的行为和处罚 ··· 31
- 第二十九条　扰乱公共秩序的行为和处罚 ··· 32
- 第三十条　寻衅滋事行为和处罚 ··· 33
- 第三十一条　对组织、利用邪教扰乱社会秩序，冒用宗教、气功名义扰乱公共秩序，制作、传播邪教资料的行为和处罚 ··· 34
- 第三十二条　扰乱无线电管理秩序的行为和处罚 ··· 35
- 第三十三条　侵入、破坏计算机信息系统的行为和处罚 ··· 36
- 第三十三条　侵入、破坏计算机信息系统的行为和处罚（续）··· 37
- 第三十四条　组织、领导传销活动以及胁迫、诱骗他人参加传销活动的行为和处罚 ··· 38
- 第三十五条　侵害英雄烈士名誉、荣誉等行为和处罚 ··· 39
- 第三十五条　侵害英雄烈士名誉、荣誉等行为和处罚（续）··· 40

第二节　妨害公共安全的行为和处罚 ··· 41

- 第三十六条　违反危险物质管理的行为和处罚 ··· 41
- 第三十七条　危险物质被盗、被抢、丢失不报的行为和处罚 ··· 42
- 第三十八条　非法携带管制器具的行为和处罚 ··· 43
- 第三十九条　盗窃、损毁公共设施的行为和处罚 ··· 44
- 第三十九条　盗窃、损毁公共设施的行为和处罚（续）··· 45
- 第四十条　妨害航空器飞行安全的行为和处罚 ··· 46
- 第四十一条　妨害铁路、城市轨道交通运行安全的行为和处罚 ··· 47
- 第四十二条　妨害火车、城市轨道交通列车行车安全的行为和处罚 ··· 48

	第四十三条	擅自安装使用电网、道路施工妨碍行人安全、破坏道路施工安全设施、破坏公共设施、升放升空物体、高空抛物的行为和处罚	49
	第四十四条	举办大型活动违反有关规定的行为和处罚	50
	第四十五条	公共活动场所违反规定妨害公共安全的行为和处罚	51
	第四十六条	违法飞行、升放物体的行为和处罚	52

第三节 侵犯人身权利、财产权利的行为和处罚 ··· 53

	第四十七条	恐怖表演、强迫劳动、限制人身自由的行为和处罚	53
	第四十七条	恐怖表演、强迫劳动、限制人身自由的行为和处罚（续）	54
	第四十八条	组织、胁迫未成年人在不适宜未成年人活动的经营场所从事有偿陪侍活动的行为和处罚	55
	第四十九条	胁迫、诱骗或利用他人乞讨和滋扰乞讨的行为和处罚	56
	第五十条	侵犯人身权利的行为和处罚	57
	第五十条	侵犯人身权利的行为和处罚（续）	58
	第五十一条	殴打他人、故意伤害他人身体的行为和处罚	59
	第五十二条	猥亵他人、故意裸露身体隐私部位的行为和处罚	60
	第五十三条	虐待家庭成员、遗弃被扶养人的行为和处罚	61
	第五十四条	强迫交易的行为和处罚	62
	第五十五条	破坏民族团结的行为和处罚	63
	第五十六条	侵犯公民个人信息的行为和处罚	64
	第五十七条	侵犯通信自由的行为和处罚	65
	第五十八条	盗窃、诈骗、哄抢、抢夺或者敲诈勒索的行为和处罚	66

第五十九条　故意损毁公私财物的行为和处罚 ·· 67

　　第六十条　学生欺凌、学校违反规定不报告或者处置侵害未成年人的行为和处罚 ·························· 68

第四节　妨害社会管理的行为和处罚 ··· 69

　　第六十一条　拒不执行政府发布的决定、命令和阻碍执行公务的行为和处罚 ································ 69

　　第六十一条　拒不执行政府发布的决定、命令和阻碍执行公务的行为和处罚（续） ························ 70

　　第六十二条　冒充他人招摇撞骗的行为和处罚 ·· 71

　　第六十三条　伪造、变造或者买卖公文、证件、证明文件、有价票证、凭证、船舶户牌的行为和处罚 ······ 72

　　第六十三条　伪造、变造或者买卖公文、证件、证明文件、有价票证、凭证、船舶户牌的行为和处罚（续）···· 73

　　第六十四条　船舶擅自进入、停靠禁、限入水域或岛屿的行为和处罚 ·· 74

　　第六十五条　违反社会组织和特种行业的管理规定的行为和处罚 ··· 75

　　第六十五条　违反社会组织和特种行业的管理规定的行为和处罚（续） ····································· 76

　　第六十六条　煽动、策划非法集会、游行、示威的行为和处罚 ·· 77

　　第六十七条　从事旅馆业经营活动中违反治安管理的行为和处罚 ··· 78

　　第六十七条　从事旅馆业经营活动中违反治安管理的行为和处罚（续） ····································· 79

　　第六十八条　房屋出租人违反治安管理的行为和处罚 ··· 80

　　第六十九条　娱乐场所和公章刻制、机动车修理、报废机动车回收行业经营者不依法登记信息的行为和处罚 ···· 81

　　第七十条　非法安装、使用、提供窃听、窃照专用器材的行为和处罚 ·· 82

　　第七十一条　典当业、废旧物品收购业的非法行为和处罚 ·· 83

　　第七十二条　妨害执法秩序的行为和处罚 ·· 84

　　第七十二条　妨害执法秩序的行为和处罚（续） ··· 85

第七十三条　妨害司法秩序的行为和处罚 …………………………………………………………………… 86

第七十四条　依法被关押的违法行为人脱逃的行为和处罚 …………………………………………………… 87

第七十五条　妨害文物管理的行为和处罚 ……………………………………………………………………… 88

第七十六条　非法驾驶交通工具的行为和处罚 ………………………………………………………………… 89

第七十七条　破坏他人坟墓或者尸体的行为和处罚 …………………………………………………………… 90

第七十八条　卖淫、嫖娼和拉客招嫖的行为和处罚 …………………………………………………………… 91

第七十九条　引诱、容留、介绍他人卖淫的行为和处罚 ……………………………………………………… 92

第八十条　　制作、运输、复制、出售、出租淫秽物品及传播淫秽信息的行为和处罚 …………………… 93

第八十一条　其他淫秽活动的行为和处罚 ……………………………………………………………………… 94

第八十二条　为赌博提供条件和赌博的行为和处罚 …………………………………………………………… 95

第八十三条　违反毒品原植物管理规定的行为和处罚 ………………………………………………………… 96

第八十四条　非法持有、向他人提供以及吸食、注射毒品的行为和处罚 …………………………………… 97

第八十四条　非法持有、向他人提供以及吸食、注射毒品的行为和处罚（续）…………………………… 98

第八十五条　引诱、教唆、欺骗或者强迫他人吸食、注射毒品，容留他人吸食、注射毒品或者介绍买卖毒品的
　　　　　　行为和处罚 ……………………………………………………………………………………… 99

第八十六条　非法生产、经营、购买、运输制毒物品的行为和处罚 ………………………………………… 100

第八十七条　为违法犯罪行为人通风报信或提供条件的行为和处罚 ………………………………………… 101

第八十八条　产生社会生活噪声的行为和处罚 ………………………………………………………………… 102

第八十九条　饲养动物干扰他人正常生活的行为和处罚 ……………………………………………………… 103

第四章 处罚程序 **104**
第一节 调查 **105**
第九十条 公安机关对治安案件的立案及处理 **105**
第九十条 公安机关对治安案件的立案及处理（续） **106**
第九十一条 严禁以非法手段收集证据 **107**
第九十二条 公安机关收集、调取证据权，以及有关单位和个人的相关义务、责任 **108**
第九十三条 办理刑事案件过程中以及其他执法办案机关在移送案件前依法收集的证据材料 **109**
第九十四条 公安机关及其人民警察在办理治安案件时的保密义务 **110**
第九十五条 人民警察在办理治安案件过程中的回避 **111**
第九十六条 传唤与强制传唤 **112**
第九十七条 传唤后的询问查证 **113**
第九十七条 传唤后的询问查证（续） **114**
第九十八条 询问笔录、书面材料、询问不满18周岁的违反治安管理行为人 **115**
第九十八条 询问笔录、书面材料、询问不满18周岁的违反治安管理行为人（续） **116**
第九十九条 询问被侵害人或者其他证人 **117**
第一百条 异地询问和通过远程视频方式询问 **118**
第一百零一条 询问聋哑人和不通晓当地通用的语言文字的人 **119**
第一百零二条 人身检查，提取、采集生物样本 **120**
第一百零三条 场所、人身、物品检查 **121**
第一百零三条 场所、人身、物品检查（续） **122**

第一百零四条　检查笔录的制作 ··· 123

第一百零五条　公安机关办理治安案件时对物品的扣押 ·· 124

第一百零五条　公安机关办理治安案件时对物品的扣押（续） ··· 125

第一百零六条　鉴定 ·· 126

第一百零七条　辨认 ·· 127

第一百零八条　进行调查取证工作的人民警察不得少于二人，以及可以由一名人民警察进行的情况 ········· 128

第二节　决定 ·· 129

第一百零九条　治安管理处罚的决定机关 ·· 129

第一百一十条　行政拘留的折抵 ·· 130

第一百一十一条　违反治安管理行为人的陈述与其他证据的关系 ······································ 131

第一百一十二条　公安机关的告知义务和违反治安管理行为人的陈述和申辩权 ····················· 132

第一百一十二条　公安机关的告知义务和违反治安管理行为人的陈述和申辩权（续） ············ 133

第一百一十三条　治安案件调查结束后的处理 ·· 134

第一百一十四条　法制审核 ·· 135

第一百一十五条　处罚决定书的制作 ·· 136

第一百一十六条　处罚决定书的宣告、送达 ·· 137

第一百一十七条　听证 ·· 138

第一百一十八条　办案期限 ·· 139

第一百一十九条　当场处罚 ·· 140

第一百二十条　当场处罚应遵守的程序 ·· 141

第一百二十条　当场处罚应遵守的程序（续）……………………………………………………142
　　第一百二十一条　申请行政复议和行政诉讼……………………………………………………143
　第三节　执行……………………………………………………………………………………………144
　　第一百二十二条　行政拘留处罚的执行…………………………………………………………144
　　第一百二十三条　罚款处罚的执行…………………………………………………………………145
　　第一百二十三条　罚款处罚的执行（续）…………………………………………………………146
　　第一百二十四条　上交当场收缴的罚款……………………………………………………………147
　　第一百二十五条　当场收缴罚款时出具罚款收据…………………………………………………148
　　第一百二十六条　暂缓执行行政拘留处罚…………………………………………………………149
　　第一百二十七条　暂缓执行行政拘留处罚担保人的条件…………………………………………150
　　第一百二十八条　担保人的义务及不履行义务的法律责任………………………………………151
　　第一百二十九条　暂缓执行行政拘留保证金的没收………………………………………………152
　　第一百三十条　暂缓执行行政拘留保证金的退还…………………………………………………153

第五章　执法监督………………………………………………………………………………………154
　　第一百三十一条　公安机关及其人民警察办理治安案件应当遵循的执法原则………………155
　　第一百三十二条　公安机关及其人民警察办理治安案件时的禁止性规定………………………156
　　第一百三十三条　公安机关及其人民警察办理治安案件应当接受社会监督……………………157
　　第一百三十四条　治安管理处罚决定中被处罚人是公职人员的处理……………………………158
　　第一百三十五条　罚款决定与罚款收缴分离………………………………………………………159

第一百三十六条	违法记录封存	160
第一百三十七条	同步录音录像安全管理	161
第一百三十八条	保护公民个人信息	162
第一百三十九条	人民警察在办理治安案件时发生的违法违纪行为及其处罚	163
第一百三十九条	人民警察在办理治安案件时发生的违法违纪行为及其处罚（续）	164
第一百四十条	公安机关及其人民警察违法行使职权侵犯公民、法人和其他组织合法权益的赔偿责任	165

第六章 附则 166

第一百四十一条	其他法律规定由公安机关给予处罚的	167
第一百四十二条	海警机构履行海上治安管理职责行使公安机关的职权	168
第一百四十三条	"以上""以下""以内"的含义	169
第一百四十四条	本法的施行时间	170

第一章

总　则

第一条 立法目的

沿革 本条对应旧法第1条，增加"根据宪法"。

> **第一条** 为了维护社会治安秩序，保障公共安全，保护公民、法人和其他组织的合法权益，规范和保障公安机关及其人民警察依法履行治安管理职责，根据宪法，制定本法。

详见第三章第三节"侵犯人身权利、财产权利的行为和处罚"

涉及不特定多数人的人身、财产的安全。详见第三章第二节"妨害公共安全的行为和处罚"

（1）行使治安管理权力应当符合法律的实体性和程序性规定；（2）应当积极履行法律赋予的职责

解读 本条规定了本法的三个立法目的，它们之间存在内在有机联系：（1）维护社会治安秩序是制定治安管理处罚法的总目的；（2）保障公共安全，保护公民、法人和其他组织的合法权益是维护社会治安秩序的重要内容；（3）规范和保障公安机关及其人民警察依法履行治安管理职责是顺利实现维护社会治安秩序这一总目的的前提条件和重要保证。

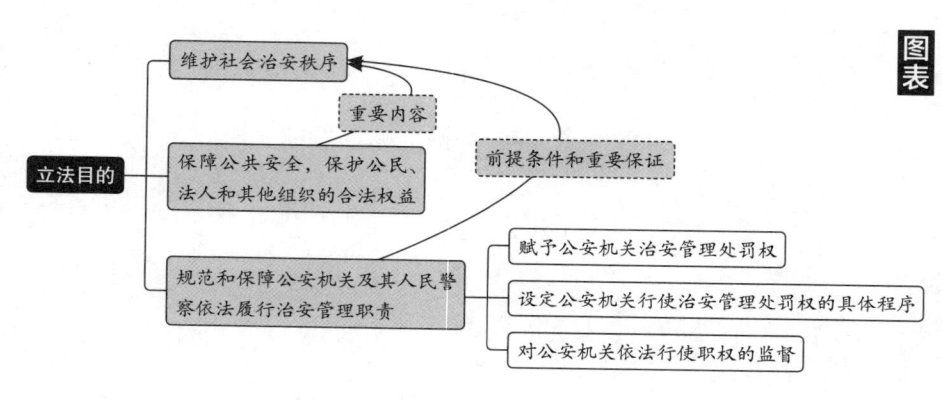

图表

立法目的
- 维护社会治安秩序
- 保障公共安全，保护公民、法人和其他组织的合法权益（重要内容）
- 规范和保障公安机关及其人民警察依法履行治安管理职责（前提条件和重要保证）
  - 赋予公安机关治安管理处罚权
  - 设定公安机关行使治安管理处罚权的具体程序
  - 对公安机关依法行使职权的监督

· 2 ·

第二条 坚持党的领导和综合治理

沿革 本条第1款为新增,第2款对应旧法第6条。

延伸 《中共中央、国务院关于加强社会治安综合治理的决定》

第1章 1~9

> **第二条** 治安管理工作坚持中国共产党的领导,坚持综合治理。
> 各级人民政府应当加强社会治安综合治理,采取有效措施,预防和化解社会矛盾纠纷,增进社会和谐,维护社会稳定。

解读（1）本条明确了治安管理工作的"两个坚持":①坚持中国共产党的领导;②坚持综合治理。(2)做好社会治安工作要坚持综合治理的方针,在各级党委和政府的统一领导下,各部门协调一致,齐抓共管,依靠广大人民群众,运用政治的、经济的、行政的、法律的、文化的、教育的等多种手段,整治社会治安乱象,打击和预防犯罪,保障社会稳定,为社会主义现代化建设和改革开放创造良好的社会环境。

图表

```
                           ┌─ 坚持中国共产党的领导
        治安管理工作的方针 ─┤
                           └─ 坚持综合治理
```

第三条　违反治安管理行为的特征和性质

沿革　本条对应旧法第 2 条。

延伸　《刑法》第 13 条　《治安管理处罚法》第 10 条

解读　违反治安管理行为具有三大特征：（1）行为违反了治安管理方面的行政法律、法规。行为侵犯的客体包括公共安全即《治安管理处罚法》以及其他治安管理方面的法律、法规所要保护的社会关系，主要包括公共秩序，公共安全，人身权利、财产权利，社会管理秩序。（2）行为具有一定的社会危害性，即行为侵犯了《治安管理处罚法》等有关治安管理的法律、法规所保护的特定的利益。（3）行为具有应受治安管理处罚性，即公安机关应对其处以治安管理处罚。违反治安管理行为与犯罪行为的相同点：所侵犯的客体在性质上有相同之处，包括公共秩序，公共安全，人身权利、财产权利，社会管理秩序。二者的不同点：（1）对相应的社会关系侵害的严重程度不同。（2）违反的法律不同。（3）应当受到的处罚不同。

> **第三条**　扰乱公共秩序，妨害公共安全，侵犯人身权利、财产权利，妨害社会管理，**具有社会危害性**，依照《中华人民共和国刑法》的规定构成犯罪的，**依法追究刑事责任**；尚不够刑事处罚的，由公安机关依照本法给予治安管理处罚。

- 具有社会危害性 → 侵犯了《治安管理处罚法》等有关治安管理的法律、法规所保护的特定的利益
- 依法追究刑事责任 → 依据《刑法》
- 由公安机关依照本法给予治安管理处罚 → 参见《治安管理处罚法》第 10 条
- 与《刑法》规定的行为危害程度不同

图表

违反治安管理行为的特征：
- 违反了治安管理方面的行政法律、法规
- 具有一定的社会危害性
- 具有应受治安管理处罚性

与犯罪行为的对比：
- 违反《刑法》则构成犯罪
- 危害程度严重则可能构成犯罪
- 应受刑罚

· 4 ·

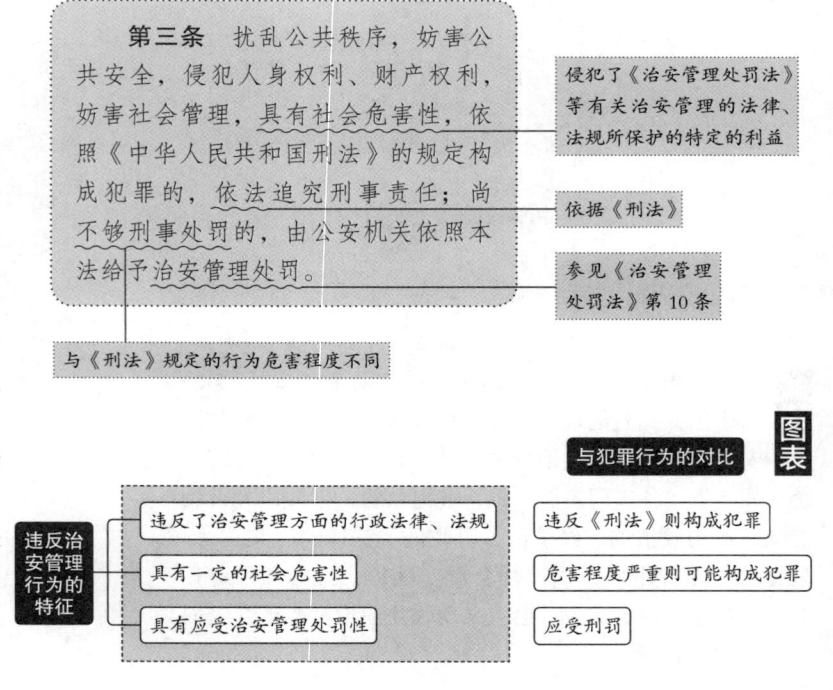

第四条　治安管理处罚的程序规定

沿革 本条对应旧法第 3 条，部分内容调整。

延伸
《行政处罚法》第五章
《治安管理处罚法》第四章
《行政强制法》

> **第四条** 治安管理处罚的程序，适用本法的规定；本法没有规定的，适用《中华人民共和国行政处罚法》、《中华人民共和国行政强制法》的有关规定。

主要参见本法第四章

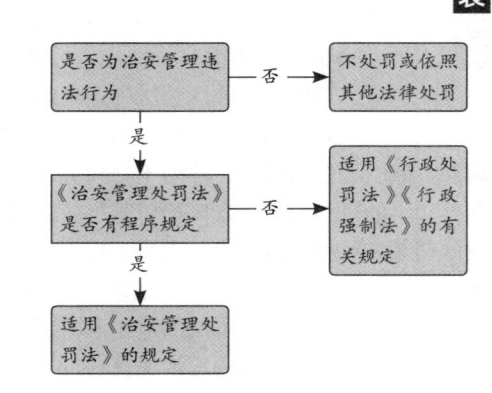

解读 治安管理处罚属于行政处罚的一种，《治安管理处罚法》与《行政处罚法》属于特别法与一般法的关系。《治安管理处罚法》中的程序性规定，是按照行政法的基本原则并结合治安管理处罚的特点作出的。在具体实施行政处罚时，如果《治安管理处罚法》已经作出专门性规定，就应当适用该规定；如果《治安管理处罚法》对某个事项未作专门性规定，就应当适用《行政处罚法》《行政强制法》的相关规定。

图表

```
是否为治安管理违法行为 ──否──> 不处罚或依照其他法律处罚
         │
         是
         ↓
《治安管理处罚法》是否有程序规定 ──否──> 适用《行政处罚法》《行政强制法》的有关规定
         │
         是
         ↓
适用《治安管理处罚法》的规定
```

第五条　适用范围

沿革　本条第1款、第2款对应旧法第4条，第3款为新增。

延伸　《外交特权与豁免条例》第2、14条
《领事特权与豁免条例》第2、14条

中华人民共和国国境以内的全部区域，具体包括：领陆，即国境线以内的陆地及陆地下的地层；领水，即内水、领海及其以下的地层；领空，即领陆和领水之上的空间

> **第五条**　在中华人民共和国领域内发生的违反治安管理行为，除法律有特别规定的外，适用本法。
>
> 在中华人民共和国船舶和航空器内发生的违反治安管理行为，除法律有特别规定的外，适用本法。
>
> 在外国船舶和航空器内发生的违反治安管理行为，依照中华人民共和国缔结或者参加的国际条约，中华人民共和国行使管辖权的，适用本法。

《外交特权与豁免条例》《领事特权与豁免条例》的特别规定

包括军用船舶、航空器，以及民用船舶、航空器

解读　本条明确了本法的适用范围：(1)在空间和对人的效力上，除法律有特别规定的外，《治安管理处罚法》适用于在我国领域内违反治安管理的人。(2)按照有关国际惯例和国际法，各国所属的船舶、航空器虽然航行、停泊于其领域外，但应视作其领土的延伸部分，各国仍对其行使主权，故对我国船舶和航空器内发生的违反治安管理行为应适用本法。(3)依照我国缔结或者参加的国际条约，我国行使管辖权的，则本法的适用范围延伸至外国船舶和航空器内发生的违反治安管理行为。

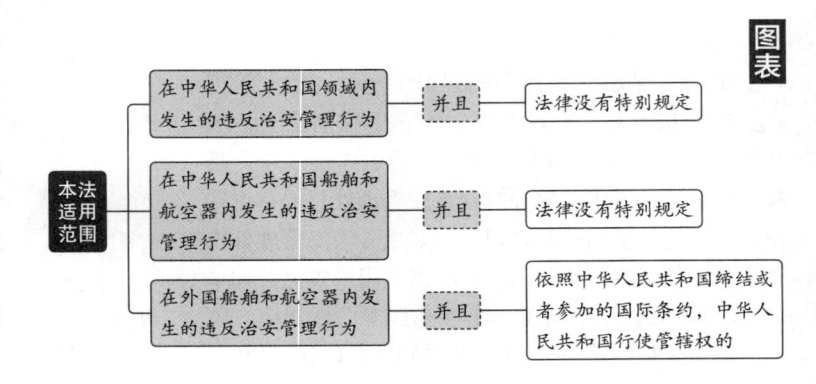

图表

本法适用范围		
在中华人民共和国领域内发生的违反治安管理行为	并且	法律没有特别规定
在中华人民共和国船舶和航空器内发生的违反治安管理行为	并且	法律没有特别规定
在外国船舶和航空器内发生的违反治安管理行为	并且	依照中华人民共和国缔结或者参加的国际条约，中华人民共和国行使管辖权的

第六条 治安管理处罚的基本原则

沿革 本条对应旧法第5条，部分内容调整。

延伸
《宪法》第23条
《民法典》第四编
《治安管理处罚法》第5、6条

> **第六条** 治安管理处罚必须以事实为依据，与违反治安管理的事实、性质、情节以及社会危害程度相当。
>
> 实施治安管理处罚，应当公开、公正，尊重和保障人权，保护公民的人格尊严。
>
> 办理治安案件应当坚持教育与处罚相结合的原则，充分释法说理，教育公民、法人或者其他组织自觉守法。

（标注）法律事实、客观事实；对行为准确定性；如行为的手段、时间、地点

（1）实施治安管理处罚的人员身份公开。（2）在作出治安管理处罚决定前，应当告知当事人作出治安管理处罚的事实、理由及依据，告知当事人依法享有的权利，要给当事人陈述和申辩的机会。（3）处罚决定公开

解读 本条规定了治安管理处罚应当遵循的几大原则：（1）以事实为依据原则。（2）错罚相当原则。处罚应当与违反治安管理的事实、性质、情节以及社会危害程度相当。（3）公开原则，包括治安管理处罚的依据公开和治安管理处罚公开。（4）公正原则，包括实体公正和程序公正。在实施治安管理处罚时对当事人要平等对待，不得偏袒。（5）尊重和保障人权原则，保护公民的人格尊严。（6）教育与处罚相结合原则。在办理治安案件时，要始终注意充分发挥治安管理处罚的教育作用，充分释法说理，教育公民、法人或者其他组织自觉守法。

图表

治安管理处罚的基本原则
- 以事实为依据原则
- 错罚相当原则
- 公开原则
- 公正原则
- 尊重和保障人权原则
- 教育与处罚相结合原则

第七条　主管部门和管辖

沿革：本条对应旧法第 7 条。

延伸：《公安机关办理行政案件程序规定》第 2 章

> **第七条**　国务院公安部门负责全国的治安管理工作。县级以上地方各级人民政府公安机关负责本行政区域内的治安管理工作。
> 治安案件的管辖由国务院公安部门规定。

- （1）省、自治区、直辖市公安厅（局）；（2）各市、州公安局及其公安分局；（3）各县（市）公安局等

- 为维护社会治安秩序而进行的各项行政管理工作的总称

- 包括：（1）职能管辖，即不同职能部门之间管理事项的分工；（2）地域管辖，即不同地域的同一性质的职能部门之间的分工；（3）级别管辖，即管理事项在同一性质的职能部门上下级之间的分工

解读：
（1）治安管理工作的主管部门：①全国：国务院公安部门。②地方：县级以上地方各级人民政府公安机关。治安管理工作不仅包括对各种违反治安管理行为的查处和打击（治安管理处罚），还包括违法犯罪活动的防范工作，尤其是一些与社会治安密切相关的特种行业、物品等。
（2）关于治安案件的管辖问题，本法并无具体规定，而是授权国务院公安部门具体规定。

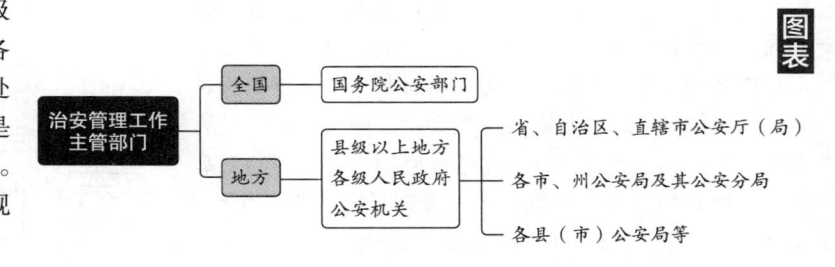

图表：

治安管理工作主管部门
- 全国 → 国务院公安部门
- 地方 → 县级以上地方各级人民政府公安机关
  - 省、自治区、直辖市公安厅（局）
  - 各市、州公安局及其公安分局
  - 各县（市）公安局等

第八条　违反治安管理的行为与民事责任、刑事责任

沿革　本条第 1 款对应旧法第 8 条，部分内容调整；第 2 款为新增内容。

延伸　《民法典》第 23、26~39、120、179 条　《治安管理处罚法》第 4 条

第1章 1~9

> **第八条**　违反治安管理行为对他人造成损害的，除依照本法给予治安管理处罚外，行为人或者其监护人还应当依法承担民事责任。
>
> 违反治安管理行为构成犯罪，应当依法追究刑事责任的，不得以治安管理处罚代替刑事处罚。

- 无民事行为能力人、限制民事行为能力人的监护人是其法定代理人 → 监护人
- 民事权益受到侵害的，被侵权人有权请求侵权人承担侵权责任 ← 民事权益受到侵害的
- 违反治安管理的行为程度严重，已经达到犯罪标准的 → 构成犯罪

解读　本条规定了治安管理处罚与民事责任、刑事责任的关系。（1）民事责任。行为人或者其监护人应当按照《民法典》等相关民事法律规定承担民事责任。（2）刑事责任。行为人的行为既属于违反治安管理的行为，又属于犯罪行为的，应当按照《刑法》的规定追究其刑事责任，而不能以治安管理处罚代替刑事处罚。

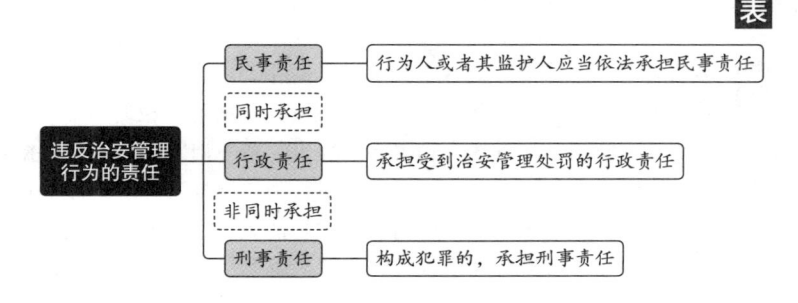

图表

违反治安管理行为的责任
- 民事责任 —— 行为人或者其监护人应当依法承担民事责任
  - 同时承担
- 行政责任 —— 承担受到治安管理处罚的行政责任
  - 非同时承担
- 刑事责任 —— 构成犯罪的，承担刑事责任

第九条 调解处理治安案件

沿革 本条第1款、第3款对应旧法第9条,部分内容调整;第2款、第4款为新增内容。

延伸 《公安机关治安调解工作规范》《公安机关执行〈中华人民共和国治安管理处罚法〉有关问题的解释》第1条

> **第九条** 对于因民间纠纷引起的打架斗殴或者损毁他人财物等违反治安管理行为,情节较轻的,公安机关可以调解处理。
>
> 调解处理治安案件,应当查明事实,并遵循合法、公正、自愿、及时的原则,注重教育和疏导,促进化解矛盾纠纷。
>
> 经公安机关调解,当事人达成协议的,不予处罚。经调解未达成协议或者达成协议后不履行的,公安机关应当依照本法的规定对违反治安管理行为作出处理,并告知当事人可以就民事争议依法向人民法院提起民事诉讼。
>
> 对属于第一款规定的调解范围的治安案件,公安机关作出处理决定前,当事人自行和解或者经人民调解委员会调解达成协议并履行,书面申请经公安机关认可的,不予处罚。

（公民之间、公民和单位之间,在生活、工作、生产经营等活动中产生的纠纷）

（而非应当）

（治安调解达成协议的,在公安机关主持下制作《治安调解协议书》,双方当事人应当在协议书上签名）

解读 本条规定了办理治安案件中调解工作的相关内容:(1)可以调解处理的情况为,因民间纠纷引起的打架斗殴或者损毁他人财物等违反治安管理行为,情节较轻的。(2)调解工作应当查明事实,并遵循合法、公正、自愿、及时的原则,注重教育和疏导,促进化解矛盾纠纷。(3)调解一般有三种结果:①达成协议的,不予处罚;②未达成协议的,按照本法的规定对行为作出处理;③达成协议后不履行的,按照本法的规定对行为作出处理。(4)达成调解协议不予处罚的有两种情况:①公安机关主持调解,当事人达成协议的;②公安机关作出处理决定前,当事人自行和解或者经人民调解委员会调解达成协议并履行,书面申请经公安机关认可的。

第二章

处罚的种类和适用

第十条　处罚的种类

沿革　本条对应旧法第 10 条。

对违反治安管理行为人处以履行支付一定金钱义务的处罚

《公安机关执行〈中华人民共和国治安管理处罚法〉有关问题的解释》第 2 条 **延伸**

最轻微的治安管理处罚，只适用于违反治安管理情节轻微，或者违反治安管理行为人具有法定从轻、减轻处罚情节的情况

> 第十条　治安管理处罚的种类分为：
> （一）警告；
> （二）罚款；
> （三）行政拘留；
> （四）吊销公安机关发放的许可证件。
> 对违反治安管理的外国人，可以附加适用限期出境或者驱逐出境。

短期内剥夺违反治安管理行为人的人身自由的处罚

强迫违反治安管理的外国人离开我国国（边）境

解读　治安管理处罚是行为人因实施违反治安管理行为所应当承担的法律后果。（1）对违反治安管理行为人，根据其所实施的具体的违反治安管理行为，可以给予的处罚有四种：①警告；②罚款；③行政拘留；④吊销公安机关发放的许可证件。（2）对于违反治安管理的外国人，除了适用上述治安管理处罚外，还可以附加适用限期出境或者驱逐出境。

剥夺违反治安管理行为人已经取得的、由公安机关依法发放的从事某项与治安管理有关的行政许可事项的许可证，使其丧失继续从事该项行政许可事项的资格的处罚

包括无国籍人

由公安机关责令违反治安管理的外国人在规定的时限内离开我国国（边）境

图表

治安管理处罚的种类
- 基本种类
  - 警告——由县级人民政府公安机关或公安派出所决定
  - 罚款——一般由县级人民政府公安机关决定，对于 1000 元以下的罚款，可以由公安派出所决定
  - 行政拘留——只能由县级人民政府公安机关决定，由作出拘留决定的公安机关送达拘留所执行
  - 吊销公安机关发放的许可证件——应当由县级人民政府公安机关决定
- 对外国人可处的附加处罚
  - 限期出境——责令自行离境，但负责执行的公安机关可以监督其离开
  - 驱逐出境——由负责执行的公安机关将其强制押解出境

第十一条 违禁品、非法财物、违法所得的处理

沿革 本条对应旧法第 11 条。

延伸 《公安机关办理行政案件程序规定》第 193~197 条

依照国家规定，公民不得私自留存、使用的物品，如毒品、淫秽物品，以及枪支、弹药等物品

> **第十一条** 办理治安案件所查获的毒品、淫秽物品等违禁品，赌具、赌资，吸食、注射毒品的用具以及直接用于实施违反治安管理行为的本人所有的工具，应当收缴，按照规定处理。
> 违反治安管理所得的财物，追缴退还被侵害人；没有被侵害人的，登记造册，公开拍卖或者按照国家有关规定处理，所得款项上缴国库。

对于实施违反治安管理行为起到必不可少的作用并直接引起、导致危害后果发生

因为实施违反治安管理的行为而取得的财物

对于应当收缴但还没在公安机关实际控制中的财物，不论被转移到何处、转手给何人，都应依法追回并收缴

解读 （1）对于违禁品和非法财物应当收缴，按照规定处理。具体包括：①对于毒品、淫秽物品等违禁品，应一律收缴。②对于赌具、赌资，应按照规定收缴，该销毁的销毁，该上缴的上缴国库；对于吸食、注射毒品的用具，应收缴后予以销毁。③直接用于实施违反治安管理行为的本人所有的工具，应当收缴，并按照规定处理。（2）对于违反治安管理所得的财物，有两种处理方式：①有被侵害人的，应当追缴退还被侵害人；②没有被侵害人的，应当登记造册，公开拍卖或者按照国家有关规定处理，所得款项上缴国库。

图表

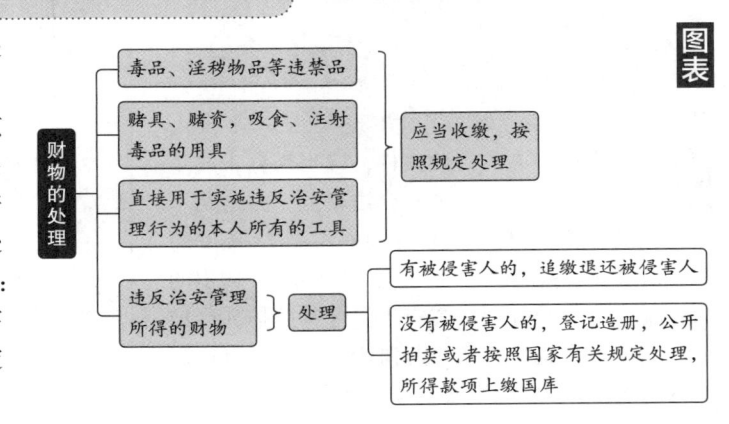

财物的处理：
- 毒品、淫秽物品等违禁品
- 赌具、赌资，吸食、注射毒品的用具
- 直接用于实施违反治安管理行为的本人所有的工具

→ 应当收缴，按照规定处理

- 违反治安管理所得的财物 → 处理：
  - 有被侵害人的，追缴退还被侵害人
  - 没有被侵害人的，登记造册，公开拍卖或者按照国家有关规定处理，所得款项上缴国库

第十二条　未成年人违反治安管理的处罚

沿革 本条对应旧法第12条。

第十二条 已满十四周岁不满十八周岁的人违反治安管理的，从轻或者减轻处罚；不满十四周岁的人违反治安管理的，不予处罚，但是应当责令其监护人严加管教。

根据违反治安管理的行为确定应当给予的治安管理处罚，在这一档处罚幅度内，选择较轻或者最轻的处罚

父母是未成年子女的监护人。未成年人的父母已经死亡或者没有监护能力的，由下列有监护能力的人按顺序担任监护人：（1）祖父母、外祖父母；（2）兄、姐；（3）其他愿意担任监护人的个人或者组织，但是须经未成年人住所地的居民委员会、村民委员会或者民政部门同意

解读 办理未成年人的行政案件，应当根据未成年人的身心特点，保障其合法权益，并适用不同的处罚原则：（1）已满14周岁不满18周岁的人，应当从轻或者减轻处罚。（2）不满14周岁的人：①应当不予处罚。②应当责令其监护人严加管教。监护人也应切实负起监护职责，对有违法行为的被监护人严加管教，防止其危害社会。

延伸
《民法典》第27条
《刑法》第17条
《治安管理处罚法》第24条
《公安机关执行〈中华人民共和国治安管理处罚法〉有关问题的解释》第3条
《公安机关执行〈中华人民共和国治安管理处罚法〉有关问题的解释（二）》第3~4条
《公安机关办理行政案件程序规定》第6、157、164条

根据违反治安管理的行为确定应当给予的治安管理处罚，在这一档处罚的下一档处罚幅度内给予治安处罚

图表

年龄	刑事责任	治安管理处罚
不满12周岁	不负刑事责任	不予处罚
已满12周岁不满14周岁	犯故意杀人、故意伤害罪，致人死亡或者以特别残忍手段致人重伤造成严重残疾，情节恶劣，经最高人民检察院核准追诉的，应当负刑事责任，从轻或者减轻处罚	不予处罚
已满14周岁不满16周岁	犯故意杀人、故意伤害致人重伤或者死亡、强奸、抢劫、贩卖毒品、放火、爆炸、投放危险物质罪的，应当负刑事责任，从轻或者减轻处罚	从轻或者减轻处罚
已满16周岁不满18周岁	应当负刑事责任，从轻或者减轻处罚	从轻或者减轻处罚

第十三条　对精神病人、智力残疾人的处罚

沿革　本条对应旧法第13条，新法完善了相关规定，与《行政处罚法》第31条的规定保持一致。

> 无民事行为能力或者限制民事行为能力的成年人，由下列有监护能力的人按顺序担任监护人：（1）配偶；（2）父母、子女；（3）其他近亲属；（4）其他愿意担任监护人的个人或者组织，但是须经被监护人住所地的居民委员会、村民委员会或者民政部门同意

患有各类精神疾病的人　　二者满足其一即可

第十三条　精神病人、智力残疾人在不能辨认或者不能控制自己行为的时候违反治安管理的，不予处罚，但是应当责令其监护人加强看护管理和治疗。间歇性的精神病人在精神正常的时候违反治安管理的，应当给予处罚。尚未完全丧失辨认或者控制自己行为能力的精神病人、智力残疾人违反治安管理的，应当给予处罚，但是可以从轻或者减轻处罚。

（而非应当）

延伸
《民法典》第28条
《刑法》第18条
《行政处罚法》第31条
《公安机关执行〈中华人民共和国治安管理处罚法〉有关问题的解释》第3条
《公安机关办理行政案件程序规定》第158条

解读　对于精神病人、智力残疾人违反治安管理的，分三种情况处罚：（1）精神病人、智力残疾人在不能辨认或者不能控制自己行为的时候违反治安管理的，不构成行政处罚意义上的违法，应当不予处罚，但是其监护人负有看管和治疗的责任。（2）间歇性的精神病人在精神正常的时候违反治安管理的，因其具有辨认和控制自己行为的能力，故应当给予其处罚。（3）尚未完全丧失辨认或者控制自己行为能力的精神病人、智力残疾人违反治安管理的，因其仍然具有部分辨认和控制自己行为的能力，故应当给予处罚，但是可以从轻或者减轻处罚。

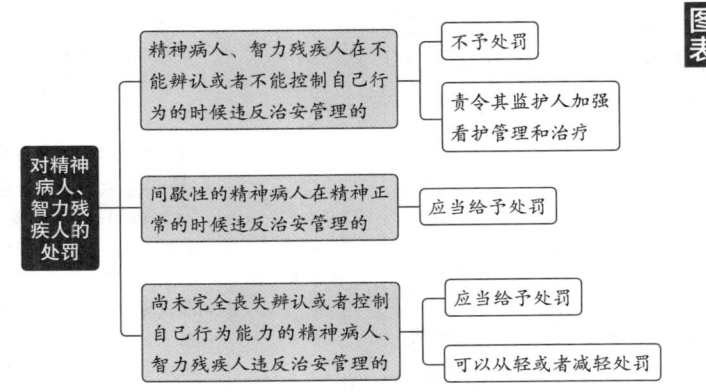

图表

对精神病人、智力残疾人的处罚：
- 精神病人、智力残疾人在不能辨认或者不能控制自己行为的时候违反治安管理的 → 不予处罚；责令其监护人加强看护管理和治疗
- 间歇性的精神病人在精神正常的时候违反治安管理的 → 应当给予处罚
- 尚未完全丧失辨认或者控制自己行为能力的精神病人、智力残疾人违反治安管理的 → 应当给予处罚；可以从轻或者减轻处罚

第十四条 对盲人或者又聋又哑的人的处罚

沿革 本条对应旧法第 14 条。

延伸
《刑法》第 19 条
《公安机关执行〈中华人民共和国治安管理处罚法〉有关问题的解释》第 3 条
《公安机关执行〈中华人民共和国治安管理处罚法〉有关问题的解释（二）》第 4 条

> **第十四条** 盲人或者又聋又哑的人违反治安管理的，可以从轻、减轻或者不予处罚。

必须是聋而且哑

而非应当。公安机关应根据违反治安管理的行为人的生理情况、违法行为的具体情况来确定

解读 盲人或者又聋又哑的人具有比较大的生理缺陷，但他们并未失去辨认或者控制自己行为的能力。因此，本条规定：（1）盲人或者又聋又哑的人应当对他们违反治安管理的行为负责任；（2）对于盲人或者又聋又哑的人违反治安管理的，可以从轻、减轻甚至不予处罚。本条针对的对象是盲人或者又聋又哑的人，其他生理上有缺陷的人，如肢体有残疾的人等不在本条规定范围内。

图表

处罚情况	本法规定的从轻、减轻、不予处罚情节
可以从轻、减轻	·尚未完全丧失辨认或者控制自己行为能力的精神病人、智力残疾人违反治安管理的（第13条） ·盲人或者又聋又哑的人违反治安管理的（第14条）
应当从轻、减轻	·已满14周岁不满18周岁的人违反治安管理的（第12条） ·违反治安管理有下列情形之一的，从轻、减轻或者不予处罚：（1）情节轻微的；（2）主动消除或者减轻违法后果的；（3）取得被侵害人谅解的；（4）出于他人胁迫或者诱骗的；（5）主动投案，向公安机关如实陈述自己的违法行为的；（6）有立功表现的（第20条）
可以不予处罚	·盲人或者又聋又哑的人违反治安管理的（第14条）
应当不予处罚	·因民间纠纷引起的违反治安管理行为，情节轻微，达成协议的（第9条） ·不满14周岁的人违反治安管理的（第12条） ·精神病人、智力残疾人在不能辨认或者不能控制自己行为的时候违反治安管理的（第13条） ·违反治安管理有下列情形之一的，从轻、减轻或者不予处罚：（1）情节轻微的；（2）主动消除或者减轻违法后果的；（3）取得被侵害人谅解的；（4）出于他人胁迫或者诱骗的；（5）主动投案，向公安机关如实陈述自己的违法行为的；（6）有立功表现的（第20条） ·非法种植罂粟不满500株或者其他少量毒品原植物，在成熟前自行铲除的（第82条）

第十五条　对醉酒的人的处罚及措施

沿革 本条对应旧法第 15 条。

延伸 《刑法》第 18 条
《公安机关办理行政案件程序规定》第 58、159 条

> **第十五条**　醉酒的人违反治安管理的，应当给予处罚。
> 　　醉酒的人在醉酒状态中，对本人有危险或者对他人的人身、财产或者公共安全有威胁的，<u>应当对其采取保护性措施约束至酒醒</u>。

不是对醉酒人的处罚，而是保护性的强制措施。确认醉酒人酒醒后，应当立即解除约束

而非可以

解读

（1）醉酒的人并未完全失去辨别是非和控制自己行为的能力，而且其应当预见自己酒后的行为和后果，其违反治安管理的行为主要是自己主观的过错造成的，因此，其应当对自己违反治安管理的行为负责，应当给予其处罚。

（2）对处于醉酒状态的人，如果其对本人有危险或者对他人的人身、财产或者公共安全有威胁，为了避免危险，应当对其采取保护性措施约束至酒醒。

图表

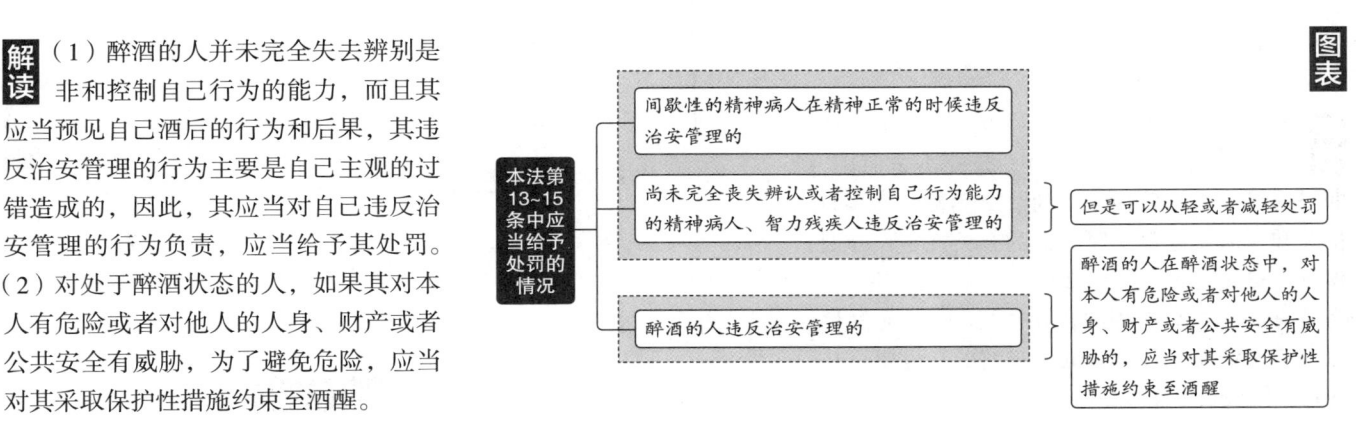

本法第 13~15 条中应当给予处罚的情况：

- 间歇性的精神病人在精神正常的时候违反治安管理的
- 尚未完全丧失辨认或者控制自己行为能力的精神病人、智力残疾人违反治安管理的 —— 但是可以从轻或者减轻处罚
- 醉酒的人违反治安管理的 —— 醉酒的人在醉酒状态中，对本人有危险或者对他人的人身、财产或者公共安全有威胁的，应当对其采取保护性措施约束至酒醒

第十六条　对实施多种违反治安管理行为的处理

沿革　本条对应旧法第16条，部分内容调整。

延伸　《公安机关办理行政案件程序规定》第161、162条

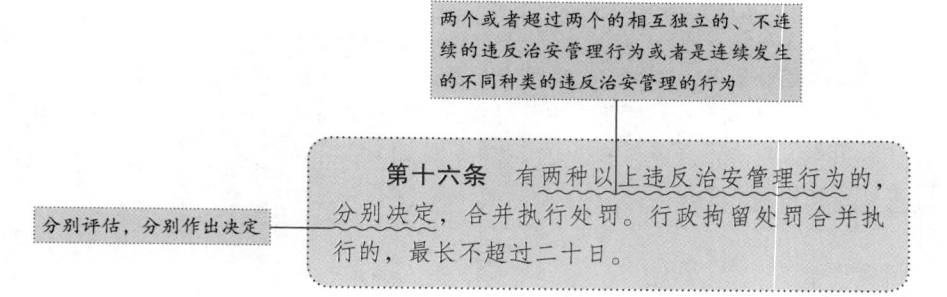

> 两个或者超过两个的相互独立的、不连续的违反治安管理行为或者是连续发生的不同种类的违反治安管理的行为

第十六条　有两种以上违反治安管理行为的，分别决定，合并执行处罚。行政拘留处罚合并执行的，最长不超过二十日。

分别评估，分别作出决定

解读　本条规定了一个人有两种以上违反治安管理行为的如何处理：（1）分别决定原则，即公安机关根据每种行为的社会危害、具体的情况和《治安管理处罚法》的有关规定，分别作出治安处罚的决定。（2）合并执行处罚原则，将所有的处罚简单相加合并执行。（3）对两种以上违反治安管理行为处以拘留的，也要合并执行，但最长不超过20日。

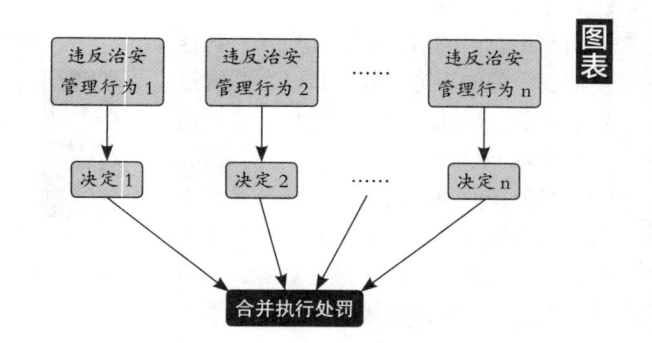

图表

违反治安管理行为1 → 决定1
违反治安管理行为2 → 决定2
……
违反治安管理行为n → 决定n
↓
合并执行处罚

第十七条 对共同违反治安管理的处罚

沿革 本条对应旧法第 17 条，部分内容调整。

延伸《治安管理处罚法》第 22 条
《公安机关办理行政案件程序规定》第 160 条

两个或者两个以上的行为人，出于共同的违反治安管理的故意，共同实施了违反治安管理行为

第十七条 共同违反治安管理的，根据行为人在违反治安管理行为中所起的作用，分别处罚。

教唆、胁迫、诱骗他人违反治安管理的，按照其教唆、胁迫、诱骗的行为处罚。

唆使、怂恿他人实施违反治安管理行为

违法行为人必须有共同的违反治安管理行为

对他人进行威胁、恐吓等精神强制，使他人不敢不实施违反治安管理行为

以隐瞒后果等手段，诱导、欺骗他人实施违反治安管理行为

解读（1）共同违反治安管理的行为具有以下特征：①行为主体是两个或者两个以上的人。②几个违法行为人必须有共同的故意。③违法行为人必须有共同的违反治安管理行为。共同违反治安管理的，根据其在违法活动中的作用，按照错罚相当的原则，分别予以处罚。（2）对于教唆、胁迫、诱骗这三种情况，则应当按照其教唆、胁迫、诱骗的行为处罚，而且应当从重处罚。

图表

对共同违反治安管理的处罚
- 共同违反治安管理的 —— 根据行为人在违反治安管理行为中所起的作用，分别处罚
- 教唆、胁迫、诱骗他人违反治安管理的
  - 按照其教唆、胁迫、诱骗的行为处罚
  - 应当从重处罚 —— 本法第 22 条

第十八条　单位违反治安管理的处罚

沿革 本条对应旧法第18条。

延伸《公安机关执行〈中华人民共和国治安管理处罚法〉有关问题的解释》第4条

> 单位是违反治安管理行为人
>
> **第十八条**　单位违反治安管理的，对其直接负责的主管人员和其他直接责任人员依照本法的规定处罚。其他法律、行政法规对同一行为规定给予单位处罚的，依照其规定处罚。
>
> 单位中负有相关管理职责，对所实施的单位违法行为起策划、授意、批准、指挥、实施等作用的人，如法定代表人、主要负责人、部门负责人

解读　单位违反治安管理是区别于自然人违反治安管理的一种违法形态，是指单位成为违反治安管理行为的主体。其特征在于：(1) 单位违法是由单位领导集体决定或者单位的主管领导决定，并组织有关人员实施的，而自然人违法则是由个人决定实施的。(2) 单位违法一般是出于单位的利益考虑，非法所得归单位所有。单位违反治安管理的，有两种情况：(1) 处罚对象是单位直接负责的主管人员和其他直接责任人员，处罚依据是本法对自然人违反治安管理行为的处罚规定。(2) 处罚对象是单位，只有其他法律、行政法规对同一行为规定给予单位处罚的才适用，处罚依据是其他法律、行政法规的规定。

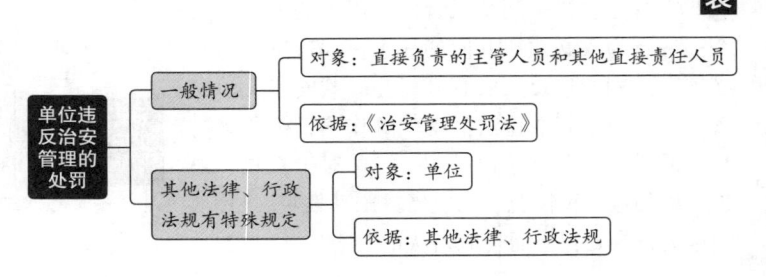

图表

- 单位违反治安管理的处罚
  - 一般情况
    - 对象：直接负责的主管人员和其他直接责任人员
    - 依据：《治安管理处罚法》
  - 其他法律、行政法规有特殊规定
    - 对象：单位
    - 依据：其他法律、行政法规

第十九条 正当防卫

沿革 本条是新增内容。

延伸 《民法典》第181条 《刑法》第20条

> 行为不具有违法性，不应受处罚

> 包括人身损害和财产损害

第十九条 为了免受正在进行的不法侵害而采取的制止行为，造成损害的，不属于违反治安管理行为，不受处罚；制止行为明显超过必要限度，造成较大损害的，依法给予处罚，但是应当减轻处罚；情节较轻的，不予处罚。

> 防卫过当应当承担责任

> 为有效制止不法侵害所必需的防卫的强度

解读 本条为新增的对于正当防卫的规定，与《刑法》和《民法典》中的内容呼应。（1）构成正当防卫的，不属于违反治安管理行为。构成正当防卫的要件包括：①实施防卫行为必须是出于免受不法侵害的目的；②防卫所针对的不法侵害必须是正在进行的；③防卫限于制止不法侵害，不法侵害被制止后，不能继续实施防卫。（2）明显超过必要限度，造成较大损害的，依法给予处罚，但是应当减轻处罚；情节较轻的，不予处罚。

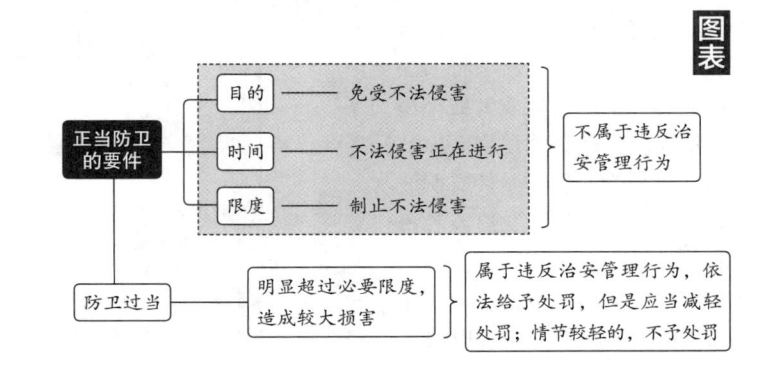

图表

正当防卫的要件：
- 目的——免受不法侵害
- 时间——不法侵害正在进行
- 限度——制止不法侵害

不属于违反治安管理行为

防卫过当——明显超过必要限度，造成较大损害

属于违反治安管理行为，依法给予处罚，但是应当减轻处罚；情节较轻的，不予处罚

第二十条　从轻、减轻或者不予处罚

沿革　本条对应旧法第19条，部分情节作出调整。

解读　本条考虑到行为人的行为特征、行为后果、社会危害等客观因素，对于六种情形下的违反治安管理行为，规定应当从轻、减轻或者不予处罚：（1）情节轻微的。新法修改了旧法第1项"特别轻微"的表述。（2）主动消除或者减轻违法后果的。（3）取得被侵害人谅解的。新法将旧法第2项"主动消除或者减轻违法后果，并取得被侵害人谅解的"拆分为两项，条件有所放宽。（4）出于他人胁迫或者诱骗的。（5）主动投案，并且向公安机关如实陈述自己的违法行为的。（6）有立功表现的。

延伸
《公安机关执行〈中华人民共和国治安管理处罚法〉有关问题的解释》第3条
《公安机关执行〈中华人民共和国治安管理处罚法〉有关问题的解释（二）》第4条
《公安机关办理行政案件程序规定》第159条

> 第二十条　违反治安管理有下列情形之一的，从轻、减轻或者不予处罚：
> （一）情节轻微的；
> （二）主动消除或者减轻违法后果的；
> （三）取得被侵害人谅解的；
> （四）出于他人胁迫或者诱骗的；
> （五）主动投案，向公安机关如实陈述自己的违法行为的；
> （六）有立功表现的。

应当

对他人进行威胁、恐吓等精神强制，使他人不敢不实施违反治安管理行为

没有造成危害后果或者危害后果轻微的，或者行为人过失违反治安管理没有造成严重后果的

以隐瞒后果等手段，诱导、欺骗他人实施违反治安管理行为

包括具体的时间、地点、当事人以及作案手段等

违法行为人在其违法行为尚未被公安机关发现，或者公安机关虽已发现但尚不知道行为人或虽已掌握违法事实和违法行为人但尚未追查，主动到公安机关承认违法行为并自愿接受处理的

揭发其他违法犯罪事实的，阻止他人的违法犯罪活动的，以及对国家和社会有其他突出贡献的等情况

第二十一条　从宽处罚

沿革　本条为新增内容。

延伸　《刑事诉讼法》第15、173条

> 第二十一条　违反治安管理行为人自愿向公安机关如实陈述自己的违法行为，承认违法事实，愿意接受处罚的，可以依法从宽处理。

- 包括具体的时间、地点、当事人以及作案手段等
- 而非应当
- 包括从轻、减轻或免除处罚等

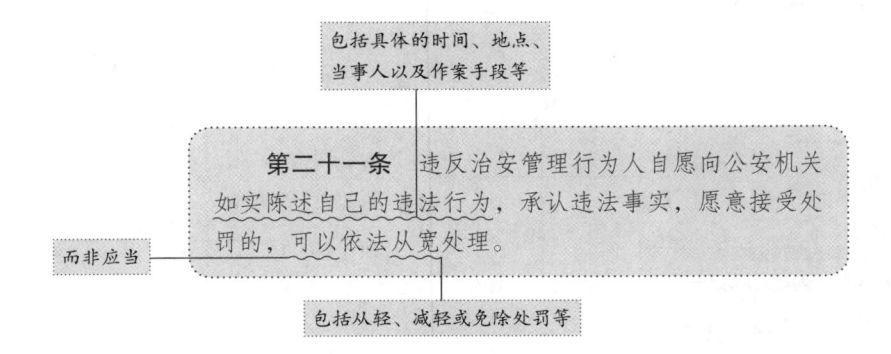

解读　本条为新增规定，与《刑事诉讼法》中的认罪认罚从宽制度呼应。从宽需要符合下列条件：（1）自愿向公安机关如实陈述自己的违法行为，承认违法事实。（2）愿意接受处罚。从宽处理对于违法行为的性质等没有要求。对于符合从宽条件的，由公安机关根据实际情况依法决定是否以及如何从宽。

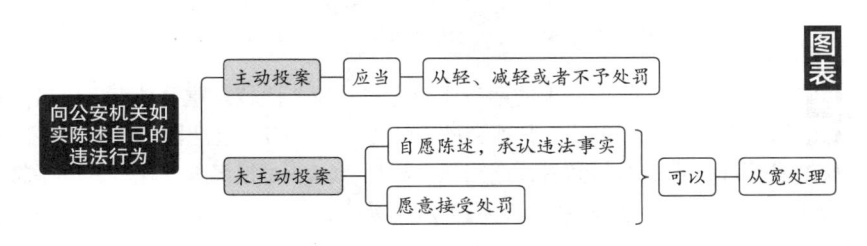

图表

向公安机关如实陈述自己的违法行为
- 主动投案 → 应当 → 从轻、减轻或者不予处罚
- 未主动投案
  - 自愿陈述，承认违法事实
  - 愿意接受处罚
  → 可以 → 从宽处理

第二十二条　从重处罚

沿革：本条对应旧法第 20 条,"曾受过治安管理处罚"的时间限定从 6 个月变为 1 年。

延伸：《公安机关办理行政案件程序规定》第 160 条

> 应当从重处罚
>
> **第二十二条**　违反治安管理有下列情形之一的,从重处罚:
> (一) 有较严重后果的;
> (二) 教唆、胁迫、诱骗他人违反治安管理的;
> (三) 对报案人、控告人、举报人、证人打击报复的;
> (四) 一年以内曾受过治安管理处罚的。

- 违反治安管理行为造成了比较严重的现实危害后果
- 向司法机关报告发现的违法犯罪事实或者违法犯罪嫌疑人的人
- 知道案件全部或者部分真实情况,以自己的证言作为证据揭露违法犯罪行为的人
- 被害人及其近亲属或其诉讼代理人
- 当事人以外的其他知情人向司法机关检举、揭发、报告违法犯罪事实或者违法犯罪嫌疑人
- 既包括对报案人、控告人、举报人、证人的人身、财产的损害,也包括对他们精神上的折磨,如进行暴力伤害、利用职权辞退以及当众侮辱等
- 旧法为 6 个月

解读：针对违反治安管理行为的性质比较恶劣、情节比较严重、社会危害较大的情形,本条规定了从重处罚,具体包括:(1) 有较严重后果的,其社会危害性更大,应当从重处罚;(2) 教唆、胁迫、诱骗他人违反治安管理的,其是违反治安管理行为的始作俑者,应当从重处罚;(3) 对报案人、控告人、举报人、证人打击报复的,妨害了司法机关打击违法行为,社会危害性较大,应当从重处罚;(4) 1 年以内曾受过治安管理处罚的,属于屡教不改,应当从重处罚。

第二十三条　不执行行政拘留处罚的情形

沿革 本条第1款对应旧法第21条，第2款为新增内容。

> **第二十三条**　违反治安管理行为人有下列情形之一，依照本法应当给予行政拘留处罚的，不执行行政拘留处罚：
> （一）已满十四周岁不满十六周岁的；
> （二）已满十六周岁不满十八周岁，初次违反治安管理的；
> （三）七十周岁以上的；
> （四）怀孕或者哺乳自己不满一周岁婴儿的。
> 前款第一项、第二项、第三项规定的行为人违反治安管理情节严重、影响恶劣的，或者第一项、第三项规定的行为人在一年以内二次以上违反治安管理的，不受前款规定的限制。

（应当给予行政拘留处罚，但是不予实际执行）
（行为人的违反治安管理行为第一次被公安机关发现或者查处）
（哺乳未满1周岁婴儿的哺乳期内）
（包括2次）

解读（1）本条第1款规定了应当给予行政拘留处罚但是不执行行政拘留处罚的情形：①已满14周岁不满16周岁的；②已满16周岁不满18周岁，初次违反治安管理的；③70周岁以上的；④怀孕或者哺乳自己不满1周岁婴儿的。（2）本条新增的第2款对于第1款规定做了突破，除了怀孕或者哺乳自己不满1周岁婴儿的，在下列情形下，不受前款规定的限制：①违反治安管理情节严重、影响恶劣的；②在1年以内2次以上违反治安管理的。

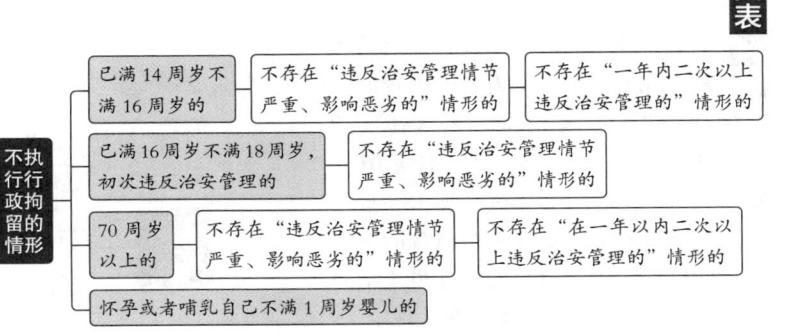

延伸《公安机关执行〈中华人民共和国治安管理处罚法〉有关问题的解释》第5条
《公安机关执行〈中华人民共和国治安管理处罚法〉有关问题的解释（二）》第5条
《公安机关办理行政案件程序规定》第164条

图表

不执行行政拘留的情形：
- 已满14周岁不满16周岁的 —— 不存在"违反治安管理情节严重、影响恶劣的"情形的 —— 不存在"一年内二次以上违反治安管理的"情形的
- 已满16周岁不满18周岁，初次违反治安管理的 —— 不存在"违反治安管理情节严重、影响恶劣的"情形的
- 70周岁以上的 —— 不存在"违反治安管理情节严重、影响恶劣的"情形的 —— 不存在"在一年以内二次以上违反治安管理的"情形的
- 怀孕或者哺乳自己不满1周岁婴儿的

第二十四条 未成年人矫治教育

沿革 本条为新增内容。

延伸 《治安管理处罚法》第12、23条
《预防未成年人犯罪法》第2、6、38~49条

第二十四条 对依照本法第十二条规定不予处罚或者依照本法第二十三条规定不执行行政拘留处罚的未成年人，公安机关依照《中华人民共和国预防未成年人犯罪法》的规定采取相应矫治教育等措施。

- 已满14周岁不满16周岁的；
- 已满16周岁不满18周岁，初次违反治安管理的

该法第四章

不满14周岁的人违反治安管理的，不予处罚，但是应当责令其监护人严加管教

（1）予以训诫；
（2）责令赔礼道歉、赔偿损失；
（3）责令具结悔过；
（4）责令定期报告活动情况；
（5）责令遵守特定的行为规范，不得实施特定行为、接触特定人员或者进入特定场所；
（6）责令接受心理辅导、行为矫治；
（7）责令参加社会服务活动；
（8）责令接受社会观护，由社会组织、有关机构在适当场所对未成年人进行教育、监督和管束；
（9）其他适当的矫治教育措施

解读 本条为新增的对于未成年人矫治教育的规定。未成年人矫治教育的对象包括：（1）不满14周岁的人违反治安管理的；（2）已满14周岁不满16周岁的；（3）已满16周岁不满18周岁，初次违反治安管理的。矫治教育的主体是公安机关。矫治教育的依据是《预防未成年人犯罪法》第四章的有关规定。

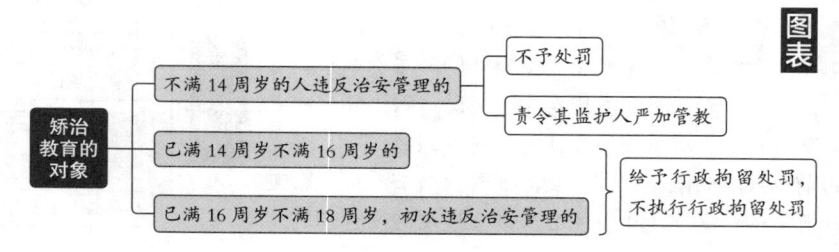

图表

矫治教育的对象：
- 不满14周岁的人违反治安管理的 → 不予处罚 / 责令其监护人严加管教
- 已满14周岁不满16周岁的 → 给予行政拘留处罚，不执行行政拘留处罚
- 已满16周岁不满18周岁，初次违反治安管理的 → 给予行政拘留处罚，不执行行政拘留处罚

第二十五条 违反治安管理行为的追究时效

沿革 本条对应旧法第 22 条，部分内容调整。

延伸 《公安机关办理行政案件程序规定》第 154 条

既包括被公安机关直接发现，也包括间接发现，如受害人向公安机关报告、单位或者群众举报等

> **第二十五条** 违反治安管理行为在六个月以内没有被公安机关发现的，不再处罚。
> 前款规定的期限，从违反治安管理行为发生之日起计算；违反治安管理行为有连续或者继续状态的，从行为终了之日起计算。

既包括违反治安管理行为没有被发现，也包括虽然发现了违反治安管理行为，但不知该行为是由何人实施的

违反治安管理行为完成或者停止之日

在时间间隔较短的一定时期内，基于同一性的或者概括性的违法意图，连续实施数个性质相同的违反治安管理行为的情形，如连续盗窃、殴打他人

行为人实施的同一种违反治安管理行为在一定时期内处于接连不断的状态，没有停止和间断的现象，如持续的非法拘禁

图表

违反治安管理行为的追究时效
- 条件：没有被公安机关发现
- 期限：6 个月
- 起算：
  - 从违反治安管理行为发生之日
  - 违反治安管理行为有连续或者继续状态的，从行为终了之日
- 例外：被侵害人在违法行为追究时效内向公安机关控告，公安机关应当受理而不受理的，不受追究时效的限制

解读（1）追究违反治安管理行为人的责任，必须在法律规定的期限之内，即 6 个月。超过了规定的期限，就不能再对该违反治安管理行为人追究责任，给予处罚。（2）上述期限的计算：①行为没有连续或者继续的，从违反治安管理行为发生之日起计算；②行为有连续或者继续状态的，从行为终了之日起计算。

第三章

违反治安管理的行为和处罚

第一节 扰乱公共秩序的行为和处罚

第二十六条 扰乱单位、公共场所、公共交通工具和选举秩序的行为和处罚

沿革 本条对应旧法第23条，部分内容调整。

解读 （1）本条第1款规定了扰乱秩序相关行为的处罚：①扰乱单位秩序（第1款第1项）；②扰乱公共场所秩序（第1款第2项）；③扰乱公共交通工具上的秩序（第1款第3项）；④妨碍交通工具正常行驶（第1款第4项）；⑤破坏选举秩序（第1款第5项）。
（2）本条第2款规定了对聚众实施第1款行为的首要分子的处罚，这些行为包括：①聚众扰乱单位秩序；②聚众扰乱公共场所秩序；③聚众扰乱公共交通工具上的秩序；④聚众妨碍交通工具正常行驶；⑤聚众破坏选举秩序。

第二十六条 有下列行为之一的，处警告或者五百元以下罚款；情节较重的，处五日以上十日以下拘留，可以并处一千元以下罚款：
（一）扰乱机关、团体、企业、事业单位秩序，致使工作、生产、营业、医疗、教学、科研不能正常进行，尚未造成严重损失的；
（二）扰乱车站、港口、码头、机场、商场、公园、展览馆或者其他公共场所秩序的；
（三）扰乱公共汽车、电车、城市轨道交通车辆、火车、船舶、航空器或者其他公共交通工具上的秩序的；
（四）非法拦截或者强登、扒乘机动车、船舶、航空器以及其他交通工具，影响交通工具正常行驶的；
（五）破坏依法进行的选举秩序的。
聚众实施前款行为的，对首要分子处十日以上十五日以下拘留，可以并处二千元以下罚款。

- 包括立法机关、行政机关、司法机关和军事机关等
- 人民团体和社会团体
- 否则可能构成聚众扰乱社会秩序罪
- 造成秩序的混乱
- 具有公共性的特点，对公众开放，供不特定的多数人出入、停留、使用的场所
- 正在运营的公共交通工具
- 不限于公共交通工具
- 依照法律规定的需要，按照法律规定的程序进行的选举。包括选举各级人民代表大会代表或者国家机关领导人，也包括农村村民委员会、城市居民委员会的选举等
- 起组织、策划、指挥作用的人
- 纠集多人共同实施违法行为

延伸
《刑法》第256、290、291条
《全国人民代表大会和地方各级人民代表大会选举法》
《公安机关执行〈中华人民共和国治安管理处罚法〉有关问题的解释（二）》第6条
《违反公安行政管理行为的名称及其适用意见》第24~33条

第二十七条　扰乱考试秩序的行为和处罚

沿革　本条为新增内容。

延伸　《国家教育考试违规处理办法》第6条
《刑法》第284条之一

解读　本条规定了在法律、行政法规规定的国家考试中扰乱考试秩序行为的处罚，分为两档：（1）一般情节，处罚款：①有违法所得的，处违法所得1~5倍罚款；②没有违法所得或者违法所得不足1000元的，处1000~3000元罚款。（2）情节较重的，处5~15日拘留。本条规定的违法行为包括：（1）组织作弊；（2）组织作弊的帮助行为；（3）出售或者提供试题、答案；（4）替考。

> **第二十七条**　在法律、行政法规规定的国家考试中，有下列行为之一，扰乱考试秩序的，处违法所得一倍以上五倍以下罚款，没有违法所得或者违法所得不足一千元的，处一千元以上三千元以下罚款；情节较重的，处五日以上十五日以下拘留：
> （一）组织作弊的；
> （二）为他人组织作弊提供作弊器材或者其他帮助的；
> （三）为实施考试作弊行为，向他人非法出售、提供考试试题、答案的；
> （四）代替他人或者让他人代替自己参加考试的。

- 《刑法》的规定为"法律规定的考试"，本法规定的范围更宽
- 组织、指挥、策划进行考试作弊
- 包括进行无线作弊器材使用培训，窃取、出售考生信息，以及作弊网站的设立与维护等
- 在考试中弄虚作假的行为
- 具有避开或者突破考场防范作弊的安全管理措施，获取、记录、传递、接收、存储考试试题、答案等功能的程序、工具，以及专门设计用于作弊的程序、工具
- 试题不完整或者答案与标准答案不完全一致的，也构成违法
- 冒名顶替应当参加考试的人去参加考试
- 使他人冒名顶替自己参加考试

第二十八条 扰乱大型群众性活动秩序的行为和处罚

沿革 本条对应旧法第24条，罚款金额提高，具体情节和措施有调整。

> 严重扰乱文化、体育等大型群众性活动的秩序，导致大型活动较长时间中断或者无法继续进行，造成较为恶劣的社会影响

延伸《大型群众性活动安全管理条例》第2条 《违反公安行政管理行为的名称及其适用意见》第34~39条

解读（1）本条第1款规定了对扰乱大型群众性活动秩序行为的处罚，分为两档：①一般情节，处警告或者500元以下罚款；②情节严重的，处5~10日拘留，可以并处1000元以下罚款。违法情形包括：①强行进入大型活动场内（第1款第1项）；②违规在大型活动场内燃放物品（第1款第2项）；③在大型活动场内展示侮辱性物品（第1款第3项）；④围攻大型活动工作人员（第1款第4项）；⑤向大型活动场内投掷杂物（第1款第5项）；⑥其他扰乱大型活动秩序的行为（第1款第6项）。

（2）本条第2款规定，因扰乱体育比赛、文艺演出活动秩序被处以拘留的，可以附加责令不得进入同场馆观看同类比赛、演出的禁令，以及违反禁令后的处理和处罚。

> **第二十八条** 有下列行为之一，扰乱体育、文化等大型群众性活动秩序的，处警告或者五百元以下罚款；情节严重的，处五日以上十日以下拘留，可以并处一千元以下罚款：
> （一）强行进入场内的；
> （二）违反规定，在场内燃放烟花爆竹或者其他物品的；
> （三）展示侮辱性标语、条幅等物品的；
> （四）围攻裁判员、运动员或者其他工作人员的；
> （五）向场内投掷杂物，不听制止的；
> （六）扰乱大型群众性活动秩序的其他行为。
> 因扰乱体育比赛、文艺演出活动秩序被处以拘留处罚的，可以同时责令其六个月至一年以内不得进入体育场馆、演出场馆观看同类比赛、演出；违反规定进入体育场馆、演出场馆的，强行带离现场，可以处五日以下拘留或者一千元以下罚款。

- 法人或者其他组织面向社会公众举办的每场次预计参加人数达1000人以上的下列活动：（1）体育比赛活动；（2）演唱会、音乐会等文艺演出活动；（3）展览、展销等活动；（4）游园、灯会、庙会、花会、焰火晚会等活动；（5）人才招聘会、现场开奖的彩票销售等活动
- 不符合主办方等有关方面确定的入场条件而强行进入场内
- 燃放后可能造成环境污染，留下安全隐患，干扰文化、体育等大型群众性活动正常进行的物品
- 众人包围、攻击他人的行为
- 对应本条第1款中情节严重的行为
- 由公安机关视情况决定

第二十九条　扰乱公共秩序的行为和处罚

沿革 本条对应旧法第 25 条，罚款金额提高，具体情节有所调整。

延伸《刑法》第 291 条之一
《违反公安行政管理行为的名称及其适用意见》第 40~42 条

解读 本条规定了对多种扰乱公共秩序行为的处罚，分为两档：（1）一般情节，处 5~10 日拘留，可以并处 1000 元以下罚款；（2）情节较轻的，处 5 日以下拘留或者 1000 元以下罚款。具体违法行为包括：（1）虚构事实扰乱公共秩序（第 1 项）；（2）投放虚假危险物质（第 2 项）；（3）扬言实施放火、爆炸、投放危险物质（第 3 项）。本条没有"兜底条款"，即没有"其他"参照适用的处罚。

> **第二十九条**　有下列行为之一的，处五日以上十日以下拘留，可以并处一千元以下罚款；情节较轻的，处五日以下拘留或者一千元以下罚款：
> （一）故意散布谣言，谎报险情、疫情、灾情、警情或者以其他方法故意扰乱公共秩序的；
> （二）投放虚假的爆炸性、毒害性、放射性、腐蚀性物质或者传染病病原体等危险物质扰乱公共秩序的；
> （三）扬言实施放火、爆炸、投放危险物质等危害公共安全犯罪行为扰乱公共秩序的。

- 而非应当
- 主观上是出于故意，为扰乱社会公共秩序而散布谣言
- 必须明知是虚假的危险物质
- 能在人体或者动物体内生长、繁殖，通过空气、饮食、接触等方式传播，对人体健康造成危害的传染病菌种和毒种
- 捏造并散布没有事实根据的谎言用于迷惑不明真相的群众
- 包括编造谣言以及明知是谣言而向有关部门报告
- 硫酸、盐酸等能够严重毁坏其他物品以及人身的物品
- 以公开表达的方式使人相信其将实施某一行为

第三十条　寻衅滋事行为和处罚

沿革 本条对应旧法第 26 条，罚款金额提高，具体情节有所调整。

延伸 《刑法》第 292、293 条　《违反公安行政管理行为的名称及其适用意见》第 43 条

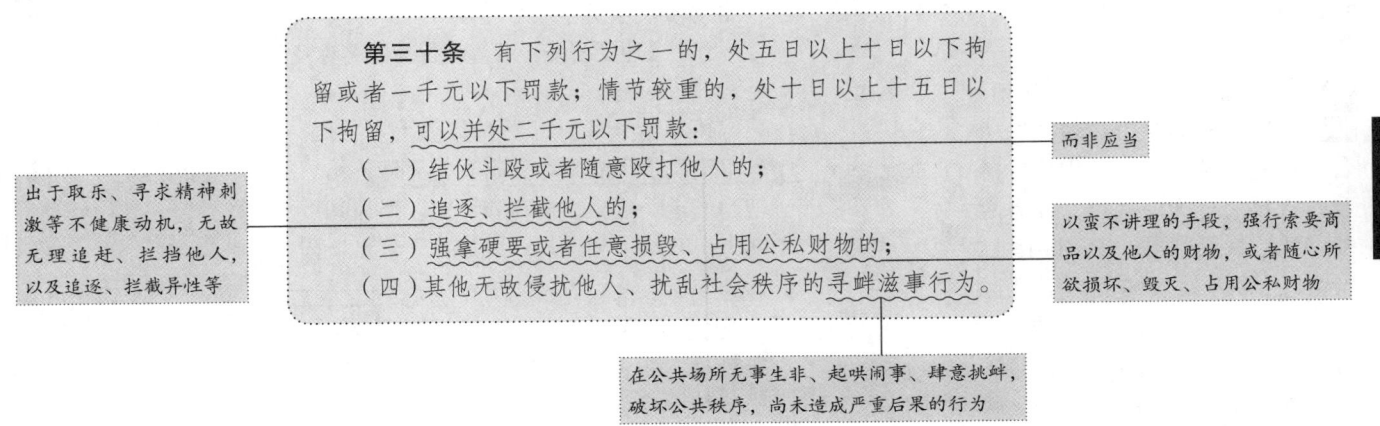

> 第三十条　有下列行为之一的，处五日以上十日以下拘留或者一千元以下罚款；情节较重的，处十日以上十五日以下拘留，可以并处二千元以下罚款：
> （一）结伙斗殴或者随意殴打他人的；
> （二）追逐、拦截他人的；
> （三）强拿硬要或者任意损毁、占用公私财物的；
> （四）其他无故侵扰他人、扰乱社会秩序的寻衅滋事行为。

- 而非应当
- 出于取乐、寻求精神刺激等不健康动机，无故无理追赶、拦挡他人，以及追逐、拦截异性等
- 以蛮不讲理的手段，强行索要商品以及他人的财物，或者随心所欲损坏、毁灭、占用公私财物
- 在公共场所无事生非、起哄闹事、肆意挑衅，破坏公共秩序，尚未造成严重后果的行为

解读 本条规定了对多种寻衅滋事行为的处罚，分为两档：（1）一般情节，处 5~10 日拘留或者 1000 元以下罚款；（2）情节较重的，处 10~15 日拘留，可以并处 2000 元以下罚款。寻衅滋事的动机一般不是某种个人的利害冲突，也不是取得某种物质利益，而是企图通过寻衅滋事行为来填补精神上的空虚，或者为寻求精神刺激。具体违法行为包括：（1）结伙斗殴或者随意殴打他人的（第 1 项）；（2）追逐、拦截他人的（第 2 项）；（3）强拿硬要或者任意损毁、占用公私财物的（第 3 项）；（4）其他无故侵扰他人、扰乱社会秩序的寻衅滋事行为。对上述行为，公安执法中均认定为"寻衅滋事"。

第三十一条 对组织、利用邪教扰乱社会秩序，冒用宗教、气功名义扰乱公共秩序，制作、传播邪教资料的行为和处罚

沿革 本条对应旧法第27条，部分内容调整，其中，第3项为新增内容。

延伸
《刑法》第300条
《全国人民代表大会常务委员会关于取缔邪教组织、防范和惩治邪教活动的决定》
《违反公安行政管理行为的名称及其适用意见》第44~46条

解读 本条规定了对组织、利用、传播邪教，冒用宗教、气功名义扰乱公共秩序，制作、传播邪教资料的行为的处罚，分为两档：（1）一般情节，处10~15日拘留，可以并处2000元以下罚款；（2）情节较轻的，处5~10日拘留，可以并处1000元以下罚款。具体违法行为包括：（1）组织、教唆、胁迫、诱骗、煽动从事邪教活动、会道门活动、非法的宗教活动（第1项）；（2）利用邪教、会道门、迷信活动危害社会（第1项）；（3）冒用宗教、气功名义危害社会（第2项）；（4）制作、传播宣扬邪教、会道门内容的物品、信息、资料。

> **第三十一条** 有下列行为之一的，处十日以上十五日以下拘留，可以并处二千元以下罚款；情节较轻的，处五日以上十日以下拘留，可以并处一千元以下罚款：
> （一）组织、教唆、胁迫、诱骗、煽动他人从事邪教活动、会道门活动、非法的宗教活动或者利用邪教组织、会道门、迷信活动，扰乱社会秩序、损害他人身体健康的；
> （二）冒用宗教、气功名义进行扰乱社会秩序、损害他人身体健康活动的；
> （三）制作、传播宣扬邪教、会道门内容的物品、信息、资料的。

- 而非应当
- 鼓动、纠集、纠合他人参加，草拟组织规程、纪律，发展教徒、会员等
- 对他人进行鼓动、宣传，意图使他人相信其所煽动的内容，或者意图使他人实施所煽动的行为
- 而非应当
- 通过刺激、利诱、怂恿等方法使被教唆者接受教唆意图，并从事某种行为
- 以将要发生的损害或者以直接实施损害相威胁，对他人实行精神强制进而使其产生恐惧而作出违背其真实意愿的行为
- 通过物质或者非物质的利益等方式欺骗他人
- 冒用宗教教义而建立的，不受国家法律承认和保护的非法组织
- 封建迷信活动组织的总称

第三十二条　扰乱无线电管理秩序的行为和处罚

沿革 本条对应旧法第 28 条，新增第 3 项。

延伸 《刑法》第 288 条
《违反公安行政管理行为的名称及其适用意见》第 47、48 条
《无线电管理条例》第 27、33、39 条

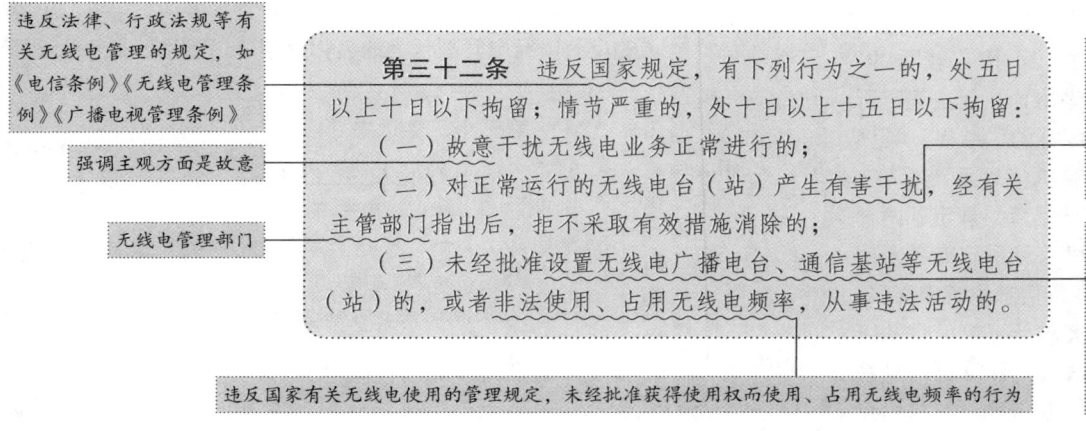

违反法律、行政法规等有关无线电管理的规定，如《电信条例》《无线电管理条例》《广播电视管理条例》

强调主观方面是故意

无线电管理部门

> **第三十二条**　违反国家规定，有下列行为之一的，处五日以上十日以下拘留；情节严重的，处十日以上十五日以下拘留：
> （一）故意干扰无线电业务正常进行的；
> （二）对正常运行的无线电台（站）产生有害干扰，经有关主管部门指出后，拒不采取有效措施消除的；
> （三）未经批准设置无线电广播电台、通信基站等无线电台（站）的，或者非法使用、占用无线电频率，从事违法活动的。

危害无线电导航或者其他安全业务的正常运行，或者严重地损害、阻碍，以及一再阻断按照规定正常开展的无线电业务的干扰

违反国家有关无线电台（站）设置方面的管理规定，未经申请、未办理设置无线电台（站）的审批手续或者未领取电台执照而设置、使用无线电台（站）的行为

违反国家有关无线电使用的管理规定，未经批准获得使用权而使用、占用无线电频率的行为

解读 本条规定了对扰乱无线电管理秩序的行为的处罚，分为两档：（1）一般情节，处 5~10 日拘留；（2）情节严重的，处 10~15 日拘留。违法情节较旧法新增了一项，具体包括以下几种情形：（1）故意干扰无线电业务正常进行的（第 1 项）；（2）对正常运行的无线电台（站）产生有害干扰，经有关主管部门指出后，拒不采取有效措施消除的（第 2 项）；（3）未经批准设置无线电广播电台、通信基站等无线电台（站）的（第 3 项）；（4）非法使用、占用无线电频率，从事违法活动的（第 3 项）。

第三十三条　侵入、破坏计算机信息系统的行为和处罚

沿革 本条对应旧法第 29 条，第 1 项有较大调整，第 5 项为新增内容。

解读 本条规定了对侵入、破坏计算机信息系统行为的处罚，分为两档：（1）造成危害的，处 5 日以下拘留；（2）情节较重的，处 5~15 日拘留。违法情节方面，新法规定所有的行为必须有"造成危害的"结果，具体如下：（1）非法侵入计算机信息系统（第 1 项）。新法大幅修改了违法情节，规定了两种违法情况：①侵入计算机信息系统或者采用其他技术手段，获取计算机信息系统中存储、处理或者传输的数据；②对计算机信息系统实施非法控制。（2）非法改变计算机信息系统功能（第 2 项）。（3）非法改变计算机信息系统数据和应用程序（第 3 项）。（4）故意制作、传播计算机破坏性程序影响运行（第 4 项）。（5）提供专门用于侵入、非法控制计算机信息系统的程序、工具，或者明知他人实施侵入、非法控制计算机信息系统的违法犯罪行为而为其提供程序、工具（第 5 项）。

延伸
《刑法》第 285、286 条
《计算机信息系统安全保护条例》第 7、20、23~24、26 条
《互联网上网服务营业场所管理条例》第 15 条
《计算机信息网络国际联网安全保护管理办法》第 6、20 条
《违反公安行政管理行为的名称及其适用意见》第 49~52 条

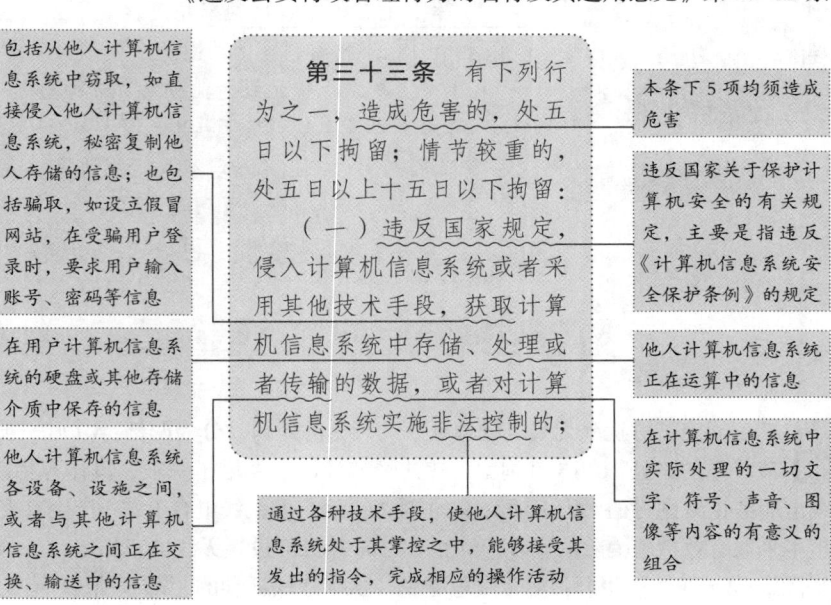

第三十三条　有下列行为之一，<u>造成危害的，处五日以下拘留；情节较重的，处五日以上十五日以下拘留</u>：
（一）<u>违反国家规定</u>，侵入计算机信息系统或者采用其他技术手段，获取计算机信息系统中存储、处理或者传输的数据，或者对计算机信息系统实施非法控制的；

- 本条下 5 项均须造成危害
- 违反国家关于保护计算机安全的有关规定，主要是指违反《计算机信息系统安全保护条例》的规定
- 他人计算机信息系统正在运算中的信息
- 在计算机信息系统中实际处理的一切文字、符号、声音、图像等内容的有意义的组合
- 包括从他人计算机信息系统中窃取，如直接侵入他人计算机信息系统，秘密复制他人存储的信息；也包括骗取，如设立假冒网站，在受骗用户登录时，要求用户输入账号、密码等信息
- 在用户计算机信息系统的硬盘或其他存储介质中保存的信息
- 他人计算机信息系统各设备、设施之间，或者与其他计算机信息系统之间正在交换、输送中的信息
- 通过各种技术手段，使他人计算机信息系统处于其掌控之中，能够接受其发出的指令，完成相应的操作活动

· 36 ·

第三十三条　侵入、破坏计算机信息系统的行为和处罚（续）

（二）违反国家规定，对计算机信息系统功能进行删除、修改、增加、干扰的；

（三）违反国家规定，对计算机信息系统中存储、处理、传输的数据和应用程序进行删除、修改、增加的；

（四）故意制作、传播计算机病毒等破坏性程序的；

（五）提供专门用于侵入、非法控制计算机信息系统的程序、工具，或者明知他人实施侵入、非法控制计算机信息系统的违法犯罪行为而为其提供程序、工具的。

- 将原有的计算机信息系统功能除去，使之不能正常运转
- 对原有的计算机信息系统功能进行改动，使之不能正常运转
- 在计算机信息系统中增加某种功能，致使原有的功能受到影响或者破坏，无法正常运转
- 通过计算机信息系统（含网络），直接输入、输出破坏性程序，或者将已输入破坏性程序的软件加以派送、散发、销售
- 在计算机中编制的或者在计算机程序中插入的破坏计算机功能或者毁坏数据，影响计算机使用，并能自我复制的一组计算机指令或者程序代码

- 在计算机中按照一定的应用目标和规则对信息进行采集、加工、存储、传输和检索的功能和能力
- 通过计算机，编制、设计针对计算机信息系统的破坏性程序
- 主观上为故意，包括下文的制作和传播等行为
- 隐藏在可执行程序或数据文件中，在计算机内部运行的一种干扰程序

第三十四条　组织、领导传销活动以及胁迫、诱骗他人参加传销活动的行为和处罚

沿革 本条为新增内容。

延伸 《刑法》第224条之一　《禁止传销条例》第2、7条

> 包括在传销活动中起发起、策划、操纵作用的人员，承担管理、协调等职责的人员，承担宣传、培训等职责的人员等

> 以将要发生的损害或者以直接实施损害相威胁，对他人实行精神强制进而使其产生恐惧而作出违背其真实意愿的行为

第三十四条　组织、领导传销活动的，处十日以上十五日以下拘留；情节较轻的，处五日以上十日以下拘留。

胁迫、诱骗他人参加传销活动的，处五日以上十日以下拘留；情节较重的，处十日以上十五日以下拘留。

> 组织者或者经营者发展人员，通过对被发展人员以其直接或者间接发展的人员数量或者销售业绩为依据计算和给付报酬，或者要求被发展人员以交纳一定费用为条件取得加入资格等方式牟取非法利益，扰乱经济秩序，影响社会稳定的行为

> 通过物质或者非物质的利益等方式欺骗他人

解读　（1）本条第1款规定了对组织、领导传销活动的处罚，分两档：①一般情节，处10~15日拘留。②情节较轻的，处5~10日拘留。仅处罚传销活动的组织和领导行为，参与行为并不处罚。（2）本条第2款规定了对胁迫、诱骗他人参加传销活动的处罚，分两档：①一般情节，处5~10日拘留。②情节较重的，处10~15日拘留。本条为新增规定，体现了对传销活动中相关行为的规制和打击。

第三十五条　侵害英雄烈士名誉、荣誉等行为和处罚

沿革 本条为新增内容。

《民法典》第185条
《刑法》第299条之一
《英雄烈士保护法》

解读 本条规定了对有损英雄烈士名誉等行为的处罚，分两档：（1）一般情节，处5~10日拘留或者1000~3000元罚款；（2）情节较重的，处10~15日拘留，可以并处5000元以下罚款。本条为新增规定，与《民法典》《刑法》《英雄烈士保护法》一道构建起完整的英雄烈士保护法律体系。本条规定的违法行为具体情节如下：（1）在国家举行庆祝、纪念、缅怀、公祭等重要活动的场所及周边管控区域，故意从事与活动主题和氛围相违背的行为，不听劝阻，造成不良社会影响的。（2）①在英雄烈士纪念设施保护范围内从事有损纪念英雄烈士环境和氛围的活动，不听劝阻的；②侵占、破坏、污损英雄烈士纪念设施的。（3）以侮辱、诽谤或者其他方式侵害英雄烈士的姓名、肖像、名誉、荣誉，损害社会公共利益的。情节严重的，可能构成侵害英雄烈士名誉、荣誉罪。（4）亵渎、否定英雄烈士事迹和精神，或者制作、传播、散布宣扬、美化侵略战争、侵略行为的言论或者图片、音视频等物品，扰乱公共秩序的。（5）在公共场所或者强制他人在公共场所穿着、佩戴宣扬、美化侵略战争、侵略行为的服饰、标志，不听劝阻，造成不良社会影响的。

第三十五条　有下列行为之一的，处五日以上十日以下拘留或者一千元以上三千元以下罚款；情节较重的，处十日以上十五日以下拘留，可以并处五千元以下罚款：

（一）在国家举行庆祝、纪念、缅怀、公祭等重要活动的场所及周边管控区域，故意从事与活动主题和氛围相违背的行为，不听劝阻，造成不良社会影响的；

（二）在英雄烈士纪念设施保护范围内从事有损纪念英雄烈士环境和氛围的活动，不听劝阻的，或者侵占、破坏、污损英雄烈士纪念设施的；

而非必须
不要求严重结果
劝阻为处罚的前置行为

第三十五条　侵害英雄烈士名誉、荣誉等行为和处罚（续）

针对英雄烈士，捏造事实并进行散播，公然丑化、贬损英雄烈士，损害其名誉、荣誉

通过语言、文字或者其他方式辱骂、贬低、嘲讽英雄烈士

必须造成扰乱公共秩序的结果；如果没有对公共秩序造成影响，则不构成违法

（三）以侮辱、诽谤或者其他方式侵害英雄烈士的姓名、肖像、名誉、荣誉，损害社会公共利益的；

（四）亵渎、否定英雄烈士事迹和精神，或者制作、传播、散布宣扬、美化侵略战争、侵略行为的言论或者图片、音视频等物品，扰乱公共秩序的；

（五）在公共场所或者强制他人在公共场所穿着、佩戴宣扬、美化侵略战争、侵略行为的服饰、标志，不听劝阻，造成不良社会影响的。

仅限于公共场所，而不包括在自己的私人空间

必须造成不良影响，但是没有要求"严重"

第二节　妨害公共安全的行为和处罚

第三十六条　违反危险物质管理的行为和处罚

沿革　本条对应旧法第30条，部分内容调整。

解读　本条规定了对违反危险物质管理行为的处罚，分为两档：（1）一般情节，处10~15日拘留；（2）情节较轻的，处5~10日拘留。具体违法情节为非法制造、买卖、储存、运输、邮寄、携带、使用、提供、处置危险物质。单位有本条情节的，对其直接负责的主管人员和其他直接责任人员依照本条的规定处罚。

与危险物质的制造、买卖、储存、运输、使用、进出口以及其他管理有关的法律、行政法规

非法购买或者出售危险物质的行为

随身携带危险物质进入公共场所或者乘坐公共交通工具

通过邮政系统完成危险物质的转移

非法出借、进出口或者赠与危险物质

第三十六条　违反国家规定，制造、买卖、储存、运输、邮寄、携带、使用、提供、处置爆炸性、毒害性、放射性、腐蚀性物质或者传染病病原体等危险物质的，处十日以上十五日以下拘留；情节较轻的，处五日以上十日以下拘留。

私自以各种方法生产危险物质的行为

明知是他人非法制造、买卖、运输、邮寄危险物质而为其存放的行为

通过交通工具完成危险物质的转移

擅自使用

将危险物质焚烧和用其他改变危险物质的物理、化学、生物特性的方法，达到减少已产生的危险物质数量、缩小危险物质体积、减少或者消除其危险成分的效果，或者将危险物质最终置于符合环境保护规定要求的填埋场的活动

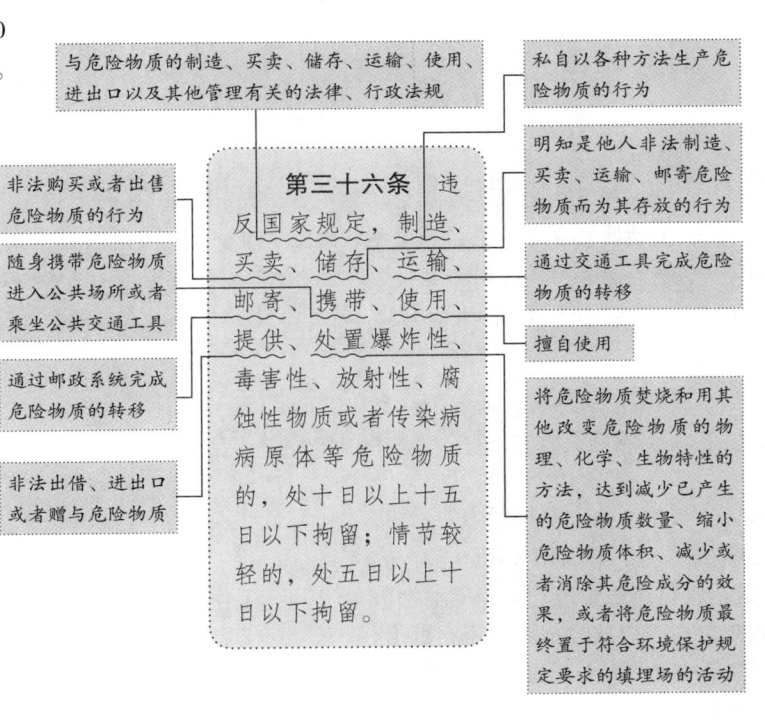

延伸
《刑法》第125、135、338条
《治安管理处罚法》第18条
《消防法》第62条
《民用爆炸物品安全管理条例》第26、33、44、49、51条
《烟花爆竹安全管理条例》第36、41条
《危险化学品安全管理条例》第4、12、27、45、88条
《剧毒化学品购买和公路运输许可证件管理办法》第20、21条
《放射性物品运输安全管理条例》第62条
《违反公安行政管理行为的名称及其适用意见》第53条

第三十七条　危险物质被盗、被抢、丢失不报的行为和处罚

沿革 本条对应旧法第 31 条。

延伸
《治安管理处罚法》第 18 条
《违反公安行政管理行为的名称及其适用意见》第 54 条
《民用爆炸物品安全管理条例》第 16、50 条
《烟花爆竹安全管理条例》第 39 条
《危险化学品安全管理条例》第 19、23、51、67、81 条

> **第三十七条**　爆炸性、毒害性、放射性、腐蚀性物质或者传染病病原体等危险物质被盗、被抢或者丢失，未按规定报告的，处五日以下拘留；故意隐瞒不报的，处五日以上十日以下拘留。

既包括法律、法规、规章，也包括各级人民政府颁布的规范性文件、命令以及有关行业主管部门、行业协会、企事业单位自身制定的规章制度

有关单位或者个人，未按照规定的时间或者程序及时向主管部门或者本单位报告危险物质被盗、被抢或者丢失的情形

责任人意图通过自身的努力将危险物质追回而不报告；或者隐瞒实际情况，意图逃避责任，不如实报告

解读 本条规定了对危险物质被盗、被抢、丢失不报行为的处罚，分为两档：（1）未按规定报告的，处 5 日以下拘留；（2）故意隐瞒不报的，处 5~10 日拘留。具体违法情节：（1）危险物质被盗、被抢、丢失，未按规定报告；（2）危险物质被盗、被抢、丢失，故意隐瞒不报。单位有本条情节的，对其直接负责的主管人员和其他直接责任人员依照本条的规定处罚。

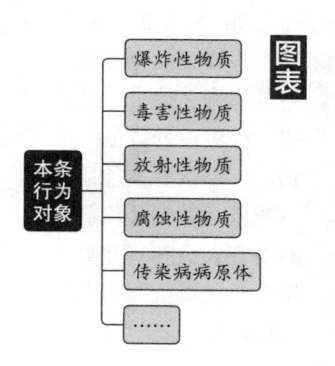

图表　本条行为对象
- 爆炸性物质
- 毒害性物质
- 放射性物质
- 腐蚀性物质
- 传染病病原体
- ……

第三十八条　非法携带管制器具的行为和处罚

沿革 本条对应旧法第32条。

延伸《违反公安行政管理行为的名称及其适用意见》第55条

解读（1）本条第1款规定了对非法携带管制器具行为的处罚，分两档：①一般情节，处5日以下拘留，可以并处1000元以下罚款。②情节较轻的，处警告或者500元以下罚款。（2）本条第2款规定了对非法携带管制器具并且进入公共场所或者公共交通工具的行为的处罚，处5~10日拘留，可以并处1000元以下罚款。

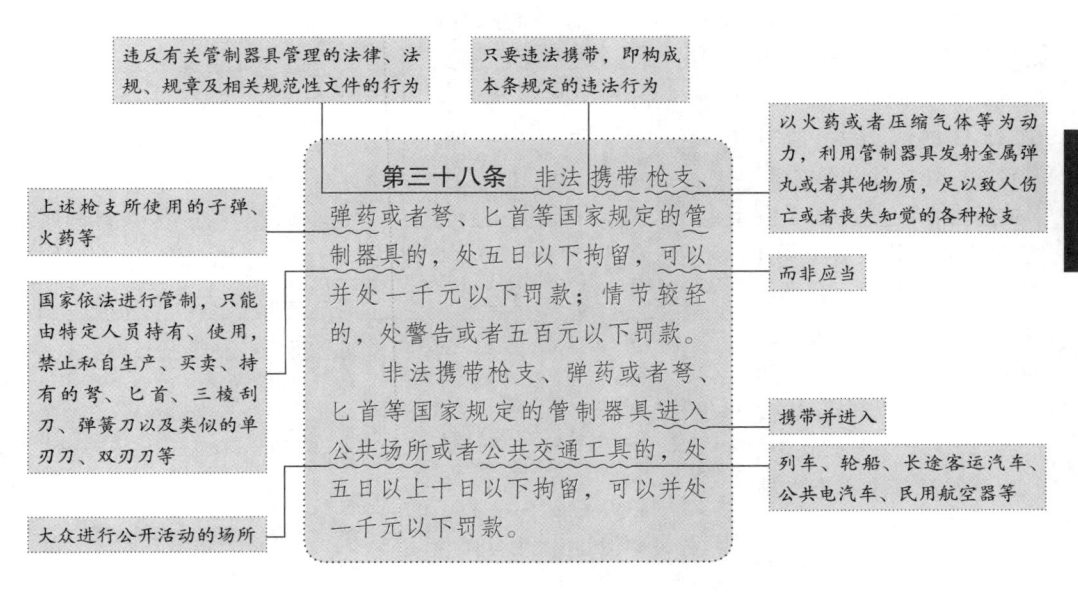

- 违反有关管制器具管理的法律、法规、规章及相关规范性文件的行为
- 只要违法携带，即构成本条规定的违法行为
- 上述枪支所使用的子弹、火药等
- 国家依法进行管制，只能由特定人员持有、使用，禁止私自生产、买卖、持有的弩、匕首、三棱刮刀、弹簧刀以及类似的单刃刀、双刃刀等
- 以火药或者压缩气体等为动力，利用管制器具发射金属弹丸或者其他物质，足以致人伤亡或者丧失知觉的各种枪支
- 而非应当
- 携带并进入
- 列车、轮船、长途客运汽车、公共电汽车、民用航空器等
- 大众进行公开活动的场所

第三十八条　非法携带枪支、弹药或者弩、匕首等国家规定的管制器具的，处五日以下拘留，可以并处一千元以下罚款；情节较轻的，处警告或者五百元以下罚款。

非法携带枪支、弹药或者弩、匕首等国家规定的管制器具进入公共场所或者公共交通工具的，处五日以上十日以下拘留，可以并处一千元以下罚款。

第三十九条　盗窃、损毁公共设施的行为和处罚

沿革 本条对应旧法第33条，部分情节有所调整。

解读 本条规定了对盗窃、损毁公共设施行为的处罚，分两档：（1）处10~15日拘留；（2）情节较轻的，处5日以下拘留。具体违法情节包括：（1）盗窃、损毁公共设施（第1项），新法增加"公共供水设施、公路及附属设施"的违法对象，并且增加了"危及公共安全"的要求；（2）移动、损毁边境、领土、领海基点标志设施（第2项）；（3）非法进行影响国（边）界线走向的活动（第3项）；（4）非法修建有碍国（边）境管理的设施（第3项）。

延伸
《刑法》第117、118、124、323条
《违反公安行政管理行为的名称及其适用意见》第56~59条

> **第三十九条** 有下列行为之一的，处十日以上十五日以下拘留；情节较轻的，处五日以下拘留：
> （一）盗窃、损毁油气管道设施、电力电信设施、广播电视设施、水利工程设施、公共供水设施、公路及附属设施或者水文监测、测量、气象测报、生态环境监测、地质监测、地震监测等公共设施，危及公共安全的；

- 以非法占有为目的，采用秘密窃取等手段窃取，尚不够刑事处罚的
- 包括：（1）输送石油、天然气（含煤气）的管道；（2）管道防腐保护设施，包括阴极保护站、阴极保护测试桩、阳极地床和杂散电流排流站；（3）管道水工防护构筑物、抗震设施、管堤、管桥及管道专用涵洞和隧道；（4）加压站、加热站、计量站、集油（气）站、输气站、配气站、处理场（站）、清管站、各类阀室（井）及放空设施、油库、装卸栈桥及装卸场；（5）管道标志、标识和穿越公（铁）路检漏装置
- 气象探测设施、气象信息专用传输设施、大型气象专用技术装备等气象仪器、设施、标志
- 对公共安全产生危险，为新法增加的内容
- 行为人出于故意或者过失损坏或者毁坏公私财物
- 电力设施包括发电设施、变电设施和电力线路设施；电信设施，是指公用电信网、专用电信网、广播电视传输网的设施，包括所有有线、无线、电信管道和卫星等设施
- 包括广播电视台（站）和广播电视传输网的相关设施
- 水利、电力、气象、海洋、农林等部门用于测算水位、流量等数据的水文站、雨量站等设施
- 用于监控和测量环境资源的质量、污染程度等各项指标的设施、设备，如渗沥液监测井、尾气取样孔
- 地震监测台网的监测设施、设备、仪器和其他依照国务院地震行政主管部门的规定设立的地震监测设施、设备、仪器

第三十九条　盗窃、损毁公共设施的行为和处罚（续）

> 将界碑、界桩以及其他边境标志、边境设施或者领土、领海标志设施砸毁、拆除、挖掉、盗走、移动或者改变其原样等，从而使其失去原有的意义和作用

（二）移动、损毁国家边境的界碑、界桩以及其他边境标志、边境设施或者领土、领海基点标志设施的；

> 我国政府与邻国按照条约规定或者历史上实际形成的管辖范围，在陆地接壤地区埋设的指示边境分界及走向的标志物

（三）非法进行影响国（边）界线走向的活动或者修建有碍国（边）境管理的设施的。

> 行为人的行为已在客观上影响了国（边）界规定的路线或者方向，或者其修建的设施影响国（边）境管理，从而妨碍国家对国（边）境管理的

第四十条　妨害航空器飞行安全的行为和处罚

沿革 本条第1款、第2款对应旧法第34条，罚款金额提高。第3款为新增内容。

解读 （1）本条第1款规定了两种违法行为：①盗窃、损坏、擅自移动航空设施，须注意为"使用中"的设施，而不能是在维修或闲置中。②强行进入航空器驾驶舱，此处仅限于"驾驶舱"。处罚为10~15日拘留。（2）本条第2款规定了在航空器上使用禁用物品的违法行为，须注意有"不听劝阻"的前置条件，而非使用即应处罚。处罚为5日以下拘留或者1000元以下罚款。（3）本条第3款规定了两种违法行为：①盗窃、损坏、擅自移动使用中的其他公共交通设施、设备，扩大了违法行为覆盖的公共交通设施、设备的范围。②妨碍公共交通工具驾驶的行为：抢控驾驶操作装置；拉扯、殴打驾驶人员；其他干扰公共交通工具正常行驶的行为。处罚为两档：①一般情节，处5日以下拘留或者1000元以下罚款；②情节较重的，处5~10日拘留。

延伸《刑法》第117条《民用航空法》第197条《违反公安行政管理行为的名称及其适用意见》第60~62条

> 行为人以非法占有为目的，秘密窃取航空设施

> 行为人出于故意的心理，实施不当的行为，从而致使有关航空设施失去功能或者部分失去效能

> 航空器上的乘客强行进入航空器驾驶舱，既包括不听劝阻执意进入，也包括经劝阻后又再次或者多次进入航空器驾驶舱

> 正处于运营状态的航空器

> 一旦在使用中的航空器上使用可能会对航空器导航系统的正常操作产生一定的影响的设备、工具

> 劝阻为处罚的前置行为

> 如公交汽车相关设施、设备

> 均针对驾驶人员，其结果为干扰公共交通工具正常行驶

> 行为人未经允许，而根据自己的意愿，将有关的航空设施移走、改变方向等

第四十条 盗窃、损坏、擅自移动使用中的航空设施，或者强行进入航空器驾驶舱的，处十日以上十五日以下拘留。

在使用中的航空器上使用可能影响导航系统正常功能的器具、工具，不听劝阻的，处五日以下拘留或者一千元以下罚款。

盗窃、损坏、擅自移动使用中的其他公共交通工具设施、设备，或者以抢控驾驶操纵装置、拉扯、殴打驾驶人员等方式，干扰公共交通工具正常行驶的，处五日以下拘留或者一千元以下罚款；情节较重的，处五日以上十日以下拘留。

第四十一条　妨害铁路、城市轨道交通运行安全的行为和处罚

沿革 本条对应旧法第 35 条，部分内容调整。

延伸 《刑法》第 117 条
《铁路法》第 47、61、68 条
《违反公安行政管理行为的名称及其适用意见》第 63~67 条

解读 本条规定了对妨害铁路、城市轨道交通运行安全行为的处罚，分为两档：（1）一般情节，处 5~10 日拘留，可以并处 1000 元以下罚款；（2）情节较轻的，处 5 日以下拘留或者 1000 元以下罚款。具体违法情节如下：（1）盗窃、损毁、擅自移动铁路、城市轨道交通设施、设备、机车车辆配件、安全标志（第 1 项）；（2）在铁路、城市轨道交通线路上放置障碍物（第 2 项）；（3）故意向列车投掷物品（第 2 项）；（4）在铁路、城市轨道交通线路、桥梁、隧道、涵洞处挖掘坑穴、采石取沙（第 3 项）；（5）在铁路、城市轨道交通线路上私设道口、平交过道（第 4 项）。

> 第四十一条　有下列行为之一的，处五日以上十日以下拘留，可以并处一千元以下罚款；情节较轻的，处五日以下拘留或者一千元以下罚款：
> （一）盗窃、损毁、擅自移动铁路、城市轨道交通设施、设备、机车车辆配件或者安全标志的；
> （二）在铁路、城市轨道交通线路上放置障碍物，或者故意向列车投掷物品的；
> （三）在铁路、城市轨道交通线路、桥梁、隧道、涵洞处挖掘坑穴、采石取沙的；
> （四）在铁路、城市轨道交通线路上私设道口或者平交过道的。

- 而非应当
- 构成铁路、城市轨道交通路网的固定设施、设备，包括线路、桥涵、站场、电力系统、通信信号系统等
- 蒸汽、内燃、电力机车车轴，油罐车底架，各类机车轮对、主变压器、受电弓、电机座等零部件
- 铁路上铺面宽度在 2.5 米以上，直接与道路贯通的平面交叉
- 铁路与城市道路交叉的道口，但该道口为平面交叉而非立体交叉

第四十二条　妨害火车、城市轨道交通列车行车安全的行为和处罚

沿革 本条对应旧法第36条。

延伸 《违反公安行政管理行为的名称及其适用意见》第68、69条

> 明知是铁路、城市轨道交通防护网，且明知禁止进入，但为了个人便利，未经铁路工作人员允许而进入

> 列车即将到来

第四十二条 擅自进入铁路、城市轨道交通防护网或者火车、城市轨道交通列车来临时在铁路、城市轨道交通线路上行走坐卧，抢越铁路、城市轨道，影响行车安全的，处警告或者五百元以下罚款。

> 既可能是故意，也可能是过失，只要有此行为均违法

解读 本条规定了对妨害列车行车安全行为的处罚，只有一档，处警告或者500元以下罚款。具体的违法情节包括：(1)擅自进入铁路、城市轨道交通防护网；(2)火车、城市轨道交通列车来临时在铁路、城市轨道交通线路上行走坐卧，影响行车安全的；(3)火车、城市轨道交通列车来临时抢越铁路、城市轨道，影响行车安全的。

图表

| 行为 | 擅自进入铁路、城市轨道交通防护网 | 火车、城市轨道交通列车来临时在铁路、城市轨道交通线路上行走坐卧，影响行车安全的 | 火车、城市轨道交通列车来临时抢越铁路、城市轨道，影响行车安全的 |

| 处罚 | 处警告或者500元以下罚款 |

第四十三条　擅自安装使用电网、道路施工妨碍行人安全、破坏道路施工安全设施、破坏公共设施、升放升空物体、高空抛物的行为和处罚

沿革　本条对应旧法第 37 条，处罚加重。第 4 项、第 5 项为新增内容。

解读　本条规定了多种危险行为的处罚，分为两档：（1）一般情节，处 5 日以下拘留或 1000 元以下罚款；（2）情节严重的，处 10~15 日拘留，可以并处 1000 元以下罚款。具体违法情节如下：（1）未经批准，安装、使用电网（第 1 项）；（2）经过批准，但是安装、使用电网不符合安全规定（第 1 项）；（3）道路施工不设置安全防护设施（第 2 项），此项主要针对施工人；（4）故意损毁、移动道路施工安全防护设施（第 2 项）；（5）盗窃、损毁路面公共设施（第 3 项）；（6）违反有关法律法规规定，升放携带明火的升空物体，须以"不听劝阻"为前置条件（第 4 项）；（7）从建筑物或者其他高空抛掷物品，须达到"有危害他人人身安全、公私财产安全或者公共安全危险的"程度（第 5 项）。

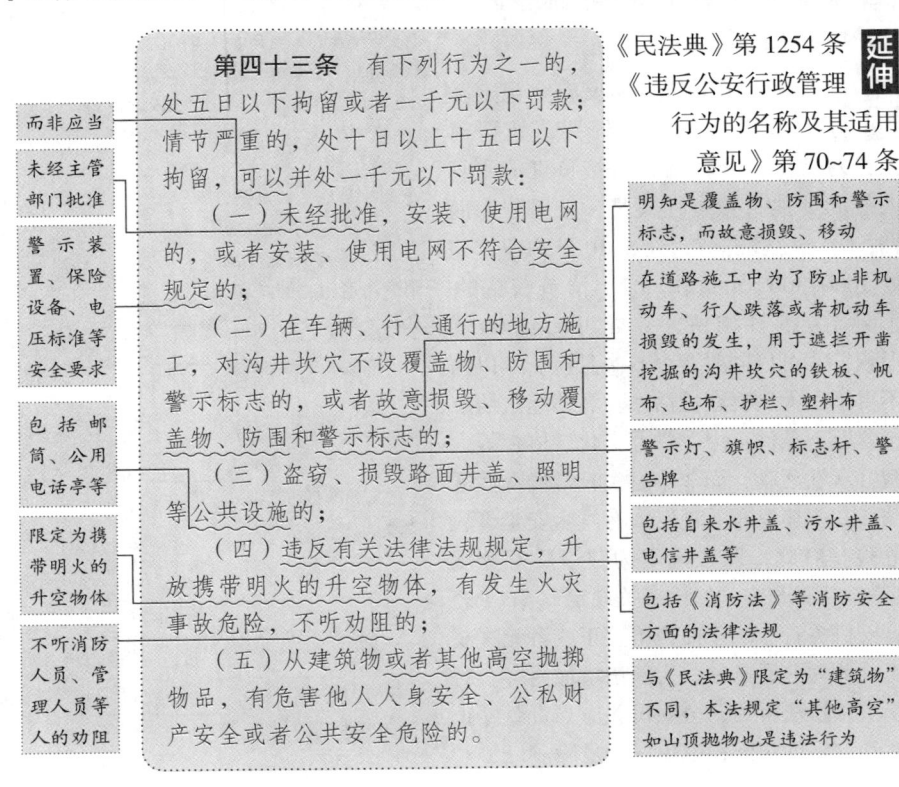

> **第四十三条**　有下列行为之一的，处五日以下拘留或者一千元以下罚款；情节严重的，处十日以上十五日以下拘留，可以并处一千元以下罚款：
> （一）未经批准，安装、使用电网的，或者安装、使用电网不符合安全规定的；
> （二）在车辆、行人通行的地方施工，对沟井坎穴不设覆盖物、防围和警示标志的，或者故意损毁、移动覆盖物、防围和警示标志的；
> （三）盗窃、损毁路面井盖、照明等公共设施的；
> （四）违反有关法律法规规定，升放携带明火的升空物体，有发生火灾事故危险，不听劝阻的；
> （五）从建筑物或者其他高空抛掷物品，有危害他人人身安全、公私财产安全或者公共安全危险的。

- 而非应当
- 未经主管部门批准
- 警示装置、保险设备、电压标准等安全要求
- 包括邮筒、公用电话亭等
- 限定为携带明火的升空物体
- 不听消防人员、管理人员等人的劝阻

延伸　《民法典》第 1254 条　《违反公安行政管理行为的名称及其适用意见》第 70~74 条

- 明知是覆盖物、防围和警示标志，而故意损毁、移动
- 在道路施工中为了防止非机动车、行人跌落或者机动车损毁的发生，用于遮拦开凿挖掘的沟井坎穴的铁板、帆布、毡布、护栏、塑料布
- 警示灯、旗帜、标志杆、警告牌
- 包括自来水井盖、污水井盖、电信井盖等
- 包括《消防法》等消防安全方面的法律法规
- 与《民法典》限定为"建筑物"不同，本法规定"其他高空"如山顶抛物也是违法行为

第 3 章　26~89

第四十四条　举办大型活动违反有关规定的行为和处罚

沿革　本条对应旧法第38条，部分内容调整。

解读　本条规定了对擅自违反安全规定举办大型活动行为的处罚，处罚对象是对大型群众性活动直接负责的主管人员和其他直接责任人员，处罚分为两档：（1）一般情节，处5~10日拘留，并处1000~3000元罚款。（2）情节较重的：①处10~15日拘留，并处3000~5000元罚款；②可以同时责令6个月至1年以内不得举办大型群众性活动。具体违法情节包含以下条件：（1）举办文化、体育等大型群众性活动，而非小型、日常群众性活动。（2）违反有关规定，有发生安全事故危险。对此，旧法规定为"违反安全规定"，新法改为"违反有关规定"。（3）经公安机关责令改正而拒不改正或者无法改正。此为前置条款，为新法增加内容。对于本条违法行为，公安机关应当责令停止活动，立即疏散，以免发生危险。

面向社会公众举办的每场次预计参加人数达1000人以上的下列活动：（1）体育比赛活动；（2）演唱会、音乐会等文艺演出活动；（3）展览、展销等活动；（4）游园、灯会、庙会、花会、焰火晚会等活动；（5）人才招聘会、现场开奖的彩票销售等活动

并未限制规定的级别，而是举办大型群众性活动应当遵守的所有规定，既包括安全规定，也包括其他相关规定

仅限于公安机关

旧法为"组织者"，新法则统一了本法内的表述，更加准确、范围也更大

应当，而非可以

所有的大型群众性活动，而不限定为同类

《治安管理处罚法》第28条

《违反公安行政管理行为的名称及其适用意见》第75条

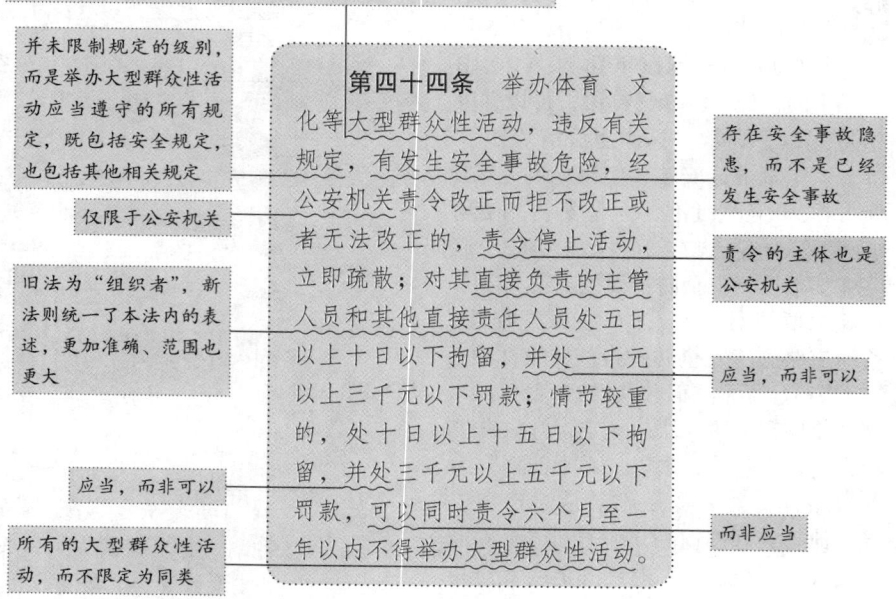

第四十四条　举办体育、文化等大型群众性活动，违反有关规定，有发生安全事故危险，经公安机关责令改正而拒不改正或者无法改正的，责令停止活动，立即疏散；对其直接负责的主管人员和其他直接责任人员处五日以上十日以下拘留，并处一千元以上三千元以下罚款；情节较重的，处十日以上十五日以下拘留，并处三千元以上五千元以下罚款，可以同时责令六个月至一年以内不得举办大型群众性活动。

存在安全事故隐患，而不是已经发生安全事故

责令的主体也是公安机关

应当，而非可以

而非应当

第四十五条　公共活动场所违反规定妨害公共安全的行为和处罚

沿革　本条对应旧法第 39 条，违法情节有变化，增加一档处罚幅度。

旧法限定为"经营管理人员"违反安全规定，新法去掉限定词，即只要求这些场所存在违反安全规定的情况

有发生重特大火灾等重大事故的危险，从而危及不特定多数人的生命、健康和财产安全

第四十五条　旅馆、饭店、影剧院、娱乐场、体育场馆、展览馆或者其他供社会公众活动的场所违反安全规定，致使该场所有发生安全事故危险，经公安机关责令改正而拒不改正的，对其直接负责的主管人员和其他直接责任人员处五日以下拘留；情节较重的，处五日以上十日以下拘留。

违反国家或者各级人民政府和有关主管部门制定的各种关于安全管理的规章制度

主要是指公安机关通过下达整改通知书等书面通知，要求违反安全规定的社会公共场所采取措施消除事故危险

延伸
《消防法》第 16 条
《旅馆业治安管理办法》第 5 条
《娱乐场所管理条例》第 20~22 条
《娱乐场所治安管理办法》第 8~18 条
《互联网上网服务营业场所管理条例》第 24 条
《违反公安行政管理行为的名称及其适用意见》第 76 条

解读　本条规定了公共活动场所违反规定妨害公共安全行为的处罚，处罚对象为直接负责的主管人员和其他直接责任人员，处罚分为两档：（1）一般情节，处 5 日以下拘留；（2）情节严重的，处 5~10 日拘留。具体违法情节有以下要件：（1）公共活动场所违反安全规定。新法删除了旧法"经营管理人员"违反安全规定的限定，只要这些场所存在违反安全规定的行为，就对相关人员进行处罚，加大了相关人员的管理责任。（2）经公安机关责令改正而拒不改正。此为前置条件，公安机关应当先责令改正，而不能直接进行治安管理处罚。违反安全规定经公安机关责令改正而拒不改正的，对其直接负责的主管人员和其他直接责任人员进行处罚。

第四十六条 违法飞行、升放物体的行为和处罚

沿革 本条为新增内容。

解读 （1）本条第1款规定了对违法飞行、升放物体行为的处罚，只有一档，处5~10日拘留。具体违法行为如下：①违反法律规定，飞行民用无人驾驶航空器、航空运动器材；②升放无人驾驶自由气球、系留气球等升空物体。（2）本条第2款规定了对飞行、升放第1款规定的物体，且非法穿越国（边）境的行为的处罚，为10~15日拘留。

国家根据需要划设无人驾驶航空器管制空域。真高120米以上空域，空中禁区、空中限制区以及周边空域，军用航空超低空飞行空域，以及下列区域上方的空域应当划设为管制空域：（1）机场以及周边一定范围的区域；（2）国界线、实际控制线、边境线向我方一侧一定范围的区域；（3）军事禁区、军事管理区、监管场所等涉密单位以及周边一定范围的区域；（4）重要军工设施保护区域、核设施控制区域、易燃易爆危险品的生产和仓储区域，以及可燃重要物资的大型仓储区域；（5）发电厂、变电站、加油（气）站、供水厂、公共交通枢纽、航电枢纽、重大水利设施、港口、高速公路、铁路电气化线路等公共基础设施以及周边一定范围的区域和饮用水水源保护区；（6）射电天文台、卫星测控（导航）站、航空无线电导航台、雷达站等需要电磁环境特殊保护的设施以及周边一定范围的区域；（7）重要革命纪念地、重要不可移动文物以及周边一定范围的区域；（8）国家空中交通管理领导机构规定的其他区域。

第四十六条 违反有关法律法规关于飞行空域管理规定，飞行民用无人驾驶航空器、航空运动器材，或者升放无人驾驶自由气球、系留气球等升空物体，情节较重的，处五日以上十日以下拘留。

飞行、升放前款规定的物体非法穿越国（边）境的，处十日以上十五日以下拘留。

延伸 《无人驾驶航空器飞行管理暂行条例》第1、19、51条
《施放气球管理办法》第2条

- 关于航空器飞行管理的法律法规
- 没有机载驾驶员、自备动力系统的航空器
- 无动力驱动、无人操纵、轻于空气、总质量大于4千克自由漂移的充气物体
- 系留于地面物体上、直径大于1.8米或者体积容量大于3.2立方米、轻于空气的充气物体

第三节　侵犯人身权利、财产权利的行为和处罚

第四十七条　恐怖表演、强迫劳动、限制人身自由的行为和处罚

沿革　本条对应旧法第40条，处罚加重。

《刑法》第238条、244条、244条之一、245条
《劳动法》第96条
《违反公安行政管理行为的名称及其适用意见》第77~81条 **延伸**

解读　本条规定了对恐怖表演、强迫劳动、限制人身自由行为的处罚，分为两档：（1）一般情节，处10~15日拘留，并处1000~2000元罚款；（2）情节较轻的，处5~10日拘留，并处1000元以下罚款。具体违法情节如下：（1）组织、胁迫、诱骗进行恐怖、残忍表演（第1项），进行表演的人须为不满16周岁的人或残疾人；（2）强迫劳动（第2项），须实施暴力、威胁或者其他强制手段，他人因强迫而违背自身意愿实施劳动；（3）非法限制他人人身自由、非法侵入他人住宅、非法搜查他人身体（第3项）。

> **第四十七条**　有下列行为之一的，处十日以上十五日以下拘留，并处一千元以上二千元以下罚款；情节较轻的，处五日以上十日以下拘留，并处一千元以下罚款：
> （一）组织、胁迫、诱骗不满十六周岁的人或者残疾人进行恐怖、残忍表演的；

- 行为人通过纠集、控制不满16周岁的人、残疾人或者以雇用、招募等手段让不满16周岁的人、残疾人表演恐怖、残忍节目的行为
- 营造凶杀、暴力等恐怖气氛的表演项目
- 对人的身体进行残酷折磨，以营造残忍气氛的表演项目
- 行为人以立即实施暴力或其他有损身心健康的行为逼迫不满16周岁的人、残疾人按其要求表演恐怖、残忍节目的行为
- 行为人利用不满16周岁的人年幼无知的弱点或亲属等其他人身依附关系，或者利用残疾人的自身弱点，以许愿、诱惑、欺骗等手段使不满16周岁的人、残疾人按其要求表演恐怖、残忍节目的行为
- 在心理、生理、人体结构上，某种组织、功能丧失或者不正常，全部或者部分丧失以正常方式从事某种活动能力的人

第四十七条　恐怖表演、强迫劳动、限制人身自由的行为和处罚（续）

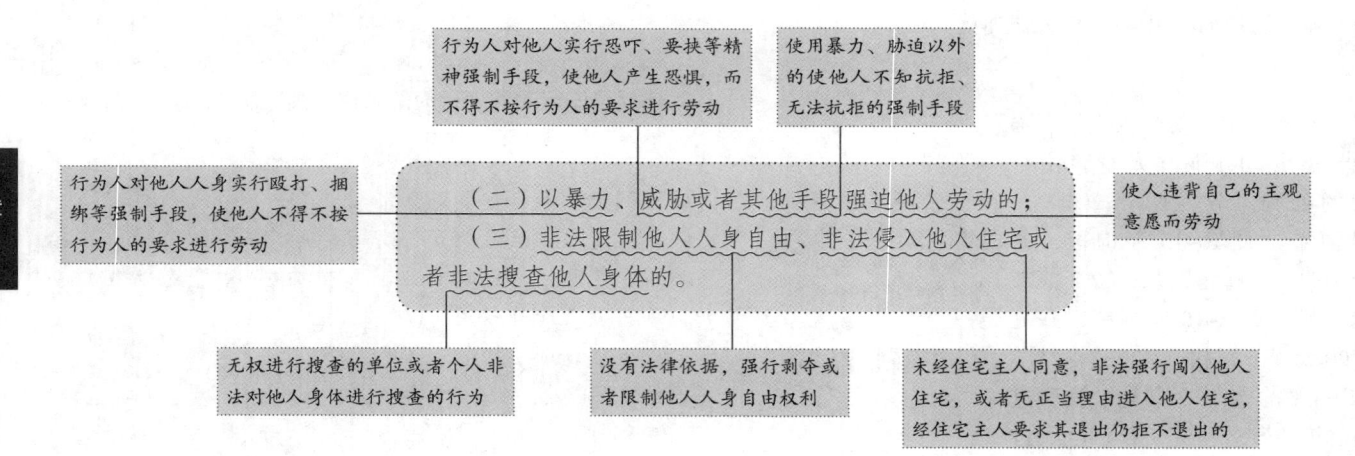

- 行为人对他人实行恐吓、要挟等精神强制手段，使他人产生恐惧，而不得不按行为人的要求进行劳动
- 使用暴力、胁迫以外的使他人不知抗拒、无法抗拒的强制手段
- 行为人对他人人身实行殴打、捆绑等强制手段，使他人不得不按行为人的要求进行劳动

（二）以暴力、威胁或者其他手段强迫他人劳动的；
（三）非法限制他人人身自由、非法侵入他人住宅或者非法搜查他人身体的。

- 使人违背自己的主观意愿而劳动
- 无权进行搜查的单位或者个人非法对他人身体进行搜查的行为
- 没有法律依据，强行剥夺或者限制他人人身自由权利
- 未经住宅主人同意，非法强行闯入他人住宅，或者无正当理由进入他人住宅，经住宅主人要求其退出仍拒不退出的

第四十八条　组织、胁迫未成年人在不适宜未成年人活动的经营场所从事有偿陪侍活动的行为和处罚

沿革 本条为新增内容。

延伸
《未成年人保护法》第58条
《互联网上网服务营业场所管理条例》第21条
《娱乐场所管理条例》第2、13、14、23、24条
《娱乐场所管理办法》第2、24条

> 通过招募、雇佣、纠集、强迫、引诱、容留等手段，控制未成年人从事有偿陪侍活动

> 对未成年人进行威胁、恐吓等精神强制，使其不敢不从事有偿陪侍活动

第四十八条　组织、胁迫未成年人在不适宜未成年人活动的经营场所从事陪酒、陪唱等有偿陪侍活动的，处十日以上十五日以下拘留，并处五千元以下罚款；情节较轻的，处五日以下拘留或者五千元以下罚款。

> 此处仅为列举，不限于这两种活动

> 要包括营业性歌舞厅、酒吧、互联网上网服务营业场所等

解读 本条为新增内容，规定了对组织、胁迫未成年人在不适宜未成年人活动的经营场所从事有偿陪侍活动的行为的处罚：（1）一般情节，处10~15日拘留，并处5000以下罚款；（2）情节较轻的，处5日以下拘留或者5000元以下罚款。具体违法情节如下：（1）组织未成年人在不适宜未成年人活动的经营场所从事陪酒、陪唱等有偿陪侍活动的；（2）胁迫未成年人在不适宜未成年人活动的经营场所从事陪酒、陪唱等有偿陪侍活动的。

第四十九条　胁迫、诱骗或利用他人乞讨和滋扰乞讨的行为和处罚

沿革 本条对应旧法第41条，罚款金额提高。

延伸
《城市生活无着的流浪乞讨人员救助管理办法》
《刑法》第262条之一
《违反公安行政管理行为的名称及其适用意见》第82、83条

解读 （1）本条第1款规定的是胁迫、诱骗、利用他人乞讨行为，其构成要件包括：①行为人采用了胁迫、诱骗或者利用的手段。②行为人实施上述行为是为了自己牟取利益。对此行为的处罚为10~15日拘留，可以并处2000元以下罚款。（2）本条第2款规定的是乞讨行为可能构成违法的情况，包括反复纠缠、强行讨要和以其他滋扰他人的方式乞讨，此类行为将被处以5日以下拘留或者警告。

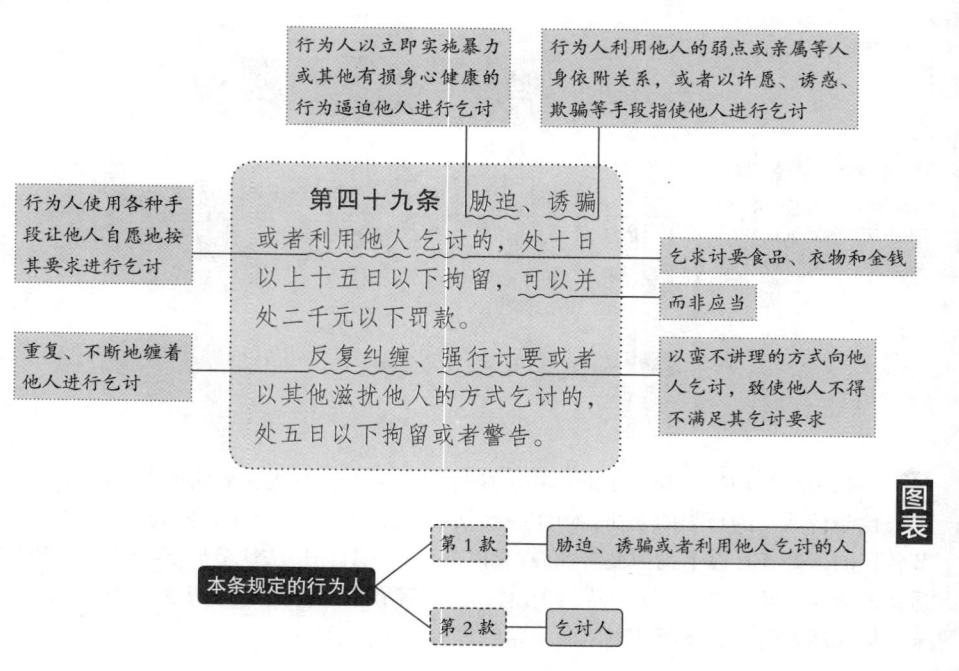

图表

行为人以立即实施暴力或其他有损身心健康的行为逼迫他人进行乞讨

行为人利用他人的弱点或亲属等人身依附关系，或者以许愿、诱惑、欺骗等手段指使他人进行乞讨

行为人使用各种手段让他人自愿地按其要求进行乞讨

重复、不断地缠着他人进行乞讨

第四十九条 胁迫、诱骗或者利用他人乞讨的，处十日以上十五日以下拘留，可以并处二千元以下罚款。反复纠缠、强行讨要或者以其他滋扰他人的方式乞讨的，处五日以下拘留或者警告。

乞求讨要食品、衣物和金钱而非应当

以蛮不讲理的方式向他人乞讨，致使他人不得不满足其乞讨要求

本条规定的行为人
- 第1款 —— 胁迫、诱骗或者利用他人乞讨的人
- 第2款 —— 乞讨人

第五十条　侵犯人身权利的行为和处罚

沿革　本条第1款对应旧法第42条，罚款金额提高，部分情节调整。第2款为新增内容。

解读　（1）本条第1款规定了对六种侵犯人身权利行为的处罚，分为两档：①一般情节，处5日以下拘留或者1000元以下罚款；②情节较重的，处5~10日拘留，可以并处1000元以下罚款。具体违法情节如下：①威胁他人人身安全（第1项）；②侮辱（须为公然进行），诽谤（第2项）；③诬告陷害（第3项），具体要件如下：必须为捏造事实，必须是以使他人受到刑事追究或者受到治安管理处罚为目的且足以达到这一目的，须有明确的诬告陷害对象；④威胁、侮辱、殴打、打击报复证人及其近亲属（第4项）；⑤发送信息干扰他人正常生活，滋扰、纠缠、跟踪干扰他人正常生活的（第5项），新法增加"采取滋扰、纠缠、跟踪等方法"，扩大了打击范围；⑥侵犯隐私（第6项）。（2）本条第2款规定，对于滋扰、纠缠、跟踪行为，除给予治安管理处罚外，可以采取下列措施和处罚：①经公安机关负责人批准，可以责令其一定期限内禁止接触被侵害人。②违反禁止接触规定的，处5~10日拘留，可以并处1000元以下罚款。

延伸
《民法典》第1032条
《刑法》第243、246、308条
《违反公安行政管理行为的名称及其适用意见》第84~90条

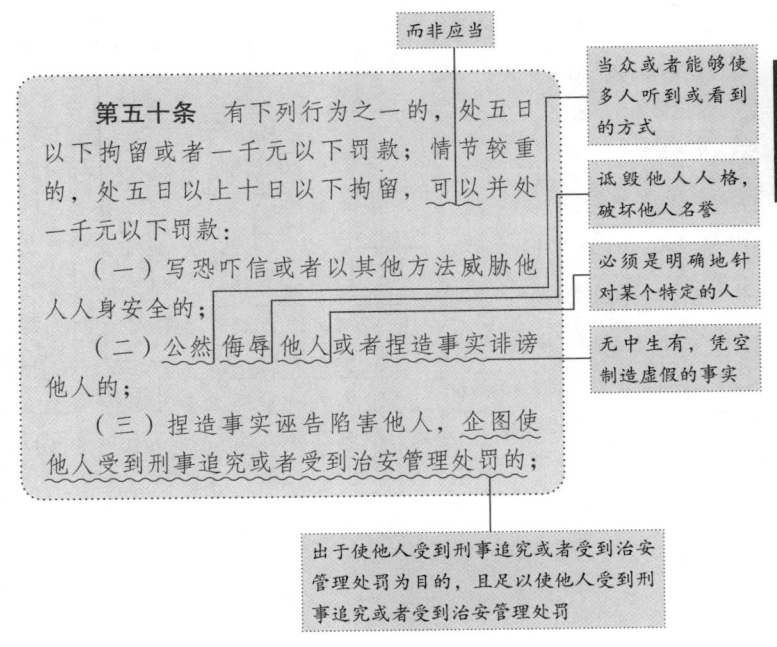

第五十条　有下列行为之一的，处五日以下拘留或者一千元以下罚款；情节较重的，处五日以上十日以下拘留，可以并处一千元以下罚款：

（一）写恐吓信或者以其他方法威胁他人人身安全的；

（二）公然侮辱他人或者捏造事实诽谤他人的；

（三）捏造事实诬告陷害他人，企图使他人受到刑事追究或者受到治安管理处罚的；

- 而非应当
- 当众或者能够使多人听到或看到的方式
- 诋毁他人人格，破坏他人名誉
- 必须是明确地针对某个特定的人
- 无中生有，凭空制造虚假的事实
- 出于使他人受到刑事追究或者受到治安管理处罚为目的，且足以使他人受到刑事追究或者受到治安管理处罚

第五十条　侵犯人身权利的行为和处罚（续）

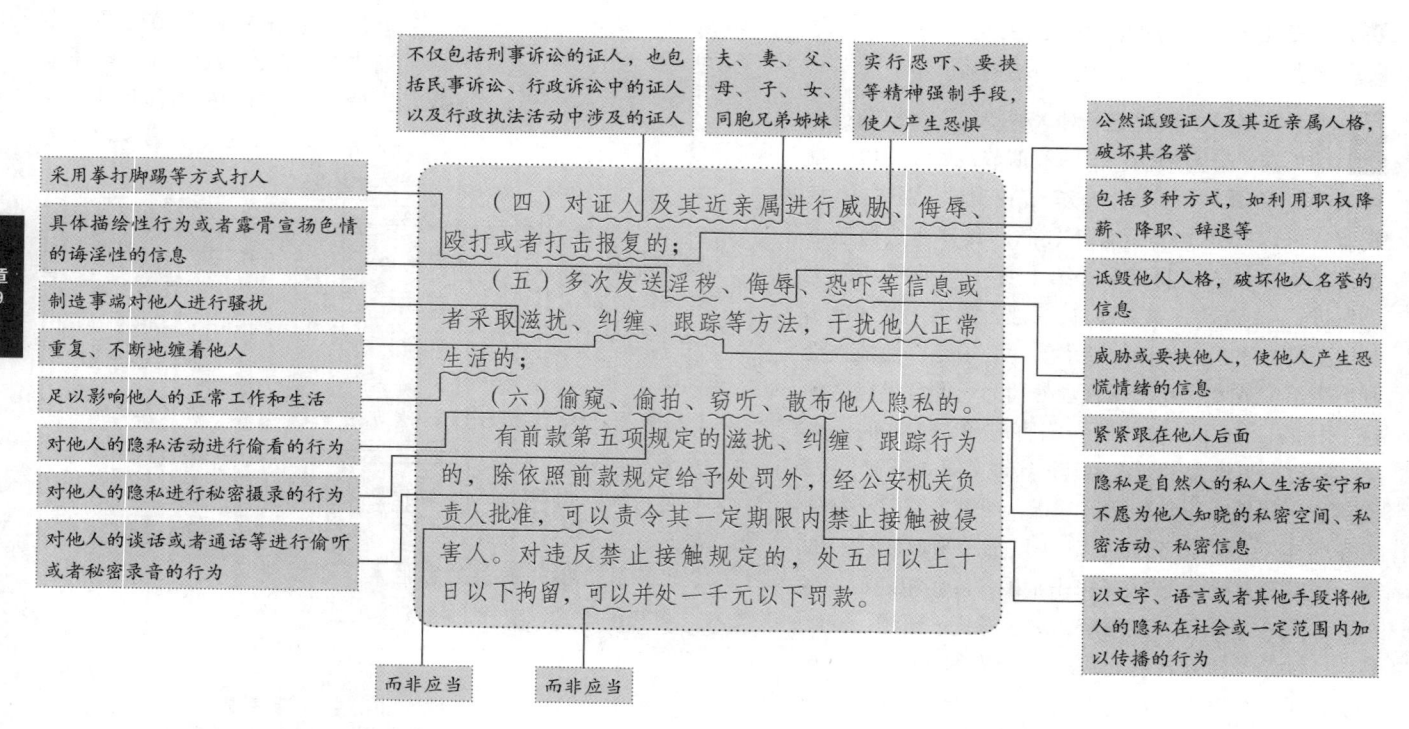

- 采用拳打脚踢等方式打人
- 具体描绘性行为或者露骨宣扬色情的诲淫性的信息
- 制造事端对他人进行骚扰
- 重复、不断地缠着他人
- 足以影响他人的正常工作和生活
- 对他人的隐私活动进行偷看的行为
- 对他人的隐私进行秘密摄录的行为
- 对他人的谈话或者通话等进行偷听或者秘密录音的行为

不仅包括刑事诉讼的证人，也包括民事诉讼、行政诉讼中的证人以及行政执法活动中涉及的证人

夫、妻、父、母、子、女、同胞兄弟姊妹

实行恐吓、要挟等精神强制手段，使人产生恐惧

（四）对证人及其近亲属进行威胁、侮辱、殴打或者打击报复的；

（五）多次发送淫秽、侮辱、恐吓等信息或者采取滋扰、纠缠、跟踪等方法，干扰他人正常生活的；

（六）偷窥、偷拍、窃听、散布他人隐私的。

有前款第五项规定的滋扰、纠缠、跟踪行为的，除依照前款规定给予处罚外，经公安机关负责人批准，可以责令其一定期限内禁止接触被侵害人。对违反禁止接触规定的，处五日以上十日以下拘留，可以并处一千元以下罚款。

而非应当

而非应当

- 公然诋毁证人及其近亲属人格，破坏其名誉
- 包括多种方式，如利用职权降薪、降职、辞退等
- 诋毁他人人格，破坏他人名誉的信息
- 威胁或要挟他人，使他人产生恐慌情绪的信息
- 紧紧跟在他人后面
- 隐私是自然人的私人生活安宁不愿为他人知晓的私密空间、私密活动、私密信息
- 以文字、语言或者其他手段将他人的隐私在社会或一定范围内加以传播的行为

第五十一条　殴打他人、故意伤害他人身体的行为和处罚

沿革 本条对应旧法第 43 条，部分内容调整。

延伸 《公安机关执行〈中华人民共和国治安管理处罚法〉有关问题的解释（二）》第 7、8 条
《违反公安行政管理行为的名称及其适用意见》第 91、92 条

> **第五十一条** 殴打他人的，或者故意伤害他人身体的，处五日以上十日以下拘留，并处五百元以上一千元以下罚款；情节较轻的，处五日以下拘留或者一千元以下罚款。
>
> 有下列情形之一的，处十日以上十五日以下拘留，并处一千元以上二千元以下罚款：
> （一）结伙殴打、伤害他人的；
> （二）殴打、伤害残疾人、孕妇、不满十四周岁的人或者七十周岁以上的人的；
> （三）多次殴打、伤害他人或者一次殴打、伤害多人的。

- 行为人公然打人
- 非法损害他人身体健康的行为
- 应当，而非可以
- 应当，而非可以
- 两人（含两人）以上
- 伤害他人身体
- 三次（含三次）以上
- 三人（含三人）以上

解读 （1）本条第 1 款规定了对殴打他人、故意伤害他人身体行为的处罚，殴打或者故意伤害他人身体的行为，侵犯了他人的身体健康。本款规定的违法行为须为故意，即行为人明知自己的行为会造成伤害他人身体健康的结果，而希望或放任这种结果的发生。本款规定的处罚有两档：①一般情节，处 5~10 日拘留，并处 500~1000 元罚款。②情节较轻的，处 5 日以下拘留或者 1000 元以下罚款。（2）本条第 2 款规定了殴打、伤害他人加重处罚的三种情形：①结伙殴打、伤害他人的；②殴打、伤害残疾人、孕妇、不满 14 周岁的人或者 70 周岁以上的人的，此项并不要求行为人主观上必须明知殴打、伤害的对象为残疾人、孕妇、不满 14 周岁的人或者 70 周岁以上的人；③多次殴打、伤害他人；一次殴打、伤害多人的。对于上述加重情形，处 10~15 日拘留，并处 1000~2000 元罚款。

第五十二条　猥亵他人、故意裸露身体隐私部位的行为和处罚

沿革　本条对应旧法第 44 条，部分内容调整。

延伸　《违反公安行政管理行为的名称及其适用意见》第 93、94 条

以强制或者非强制的方法，违背对方意志，实施的正常性接触以外的能够满足行为人淫秽下流欲望的行为，主要包括以抠摸、指奸、鸡奸等淫秽下流的手段对他人身体的性接触行为

解读　（1）本条第 1 款规定了对猥亵他人行为的处罚。猥亵必须是出于故意，其动机通常是寻求刺激、满足行为人的或者第三人的性欲，具有违背他人意志的特征。根据猥亵对象的不同，分为两种行为并规定了对应处罚：①猥亵他人的，处 5~10 日拘留。②猥亵精神病人、智力残疾人、不满 14 周岁的人或者有其他严重情节的，处 10~15 日拘留。（2）本条第 2 款规定了对公共场所故意裸露身体隐私部位行为的处罚，分为两档：①一般情节，处警告或者 500 元以下罚款；②情节恶劣的，处 5~10 日拘留。

> **第五十二条**　猥亵他人的，处五日以上十日以下拘留；猥亵精神病人、智力残疾人、不满十四周岁的人或者有其他严重情节的，处十日以上十五日以下拘留。
> 　　在公共场所故意裸露身体隐私部位的，处警告或者五百元以下罚款；情节恶劣的，处五日以上十日以下拘留。

- 不能辨认或者控制自己行为的人
- 包括猥亵孕妇，或者在众人面前猥亵他人，或者猥亵行为给他人精神上造成伤害，或者猥亵行为在社会上造成恶劣影响等
- 公众进行公开活动的场所
- 仅限于智力残疾人，即智力明显低于一般人水平，并显示适应行为障碍的人，不包括视力残疾人、听力残疾人

图表

猥亵他人的加重处罚情节：
- 猥亵精神病人
- 猥亵智力残疾人
- 猥亵不满 14 周岁的人
- 有其他严重情节

第五十三条　虐待家庭成员、遗弃被扶养人的行为和处罚

沿革　本条对应旧法第 45 条，部分内容调整，增加第 2 项。

延伸　《民法典》第 1042 条
《刑法》第 260 条、260 条之一、261 条
《违反公安行政管理行为的名称及其适用意见》第 95、96 条

解读　本条规定了对虐待家庭成员、遗弃被扶养人行为的处罚，有两档：（1）一般情节，处 5 日以下拘留或者警告。（2）情节较重的，处 5~10 日拘留，可以并处 1000 元以下罚款。具体违法情节包括：（1）虐待家庭成员，被虐待人或者其监护人要求处理的。本项要求行为人主观上为故意，即故意地对被侵害人进行肉体和精神上的摧残和折磨。被虐待人向公安机关提出控告要求公安机关处理的，公安机关才能够予以处罚；对于被虐待人没有提出控告的，公安机关不能主动给予行为人处罚。（2）对未成年人、老年人、患病的人、残疾人等负有监护、看护职责的人虐待被监护、被看护的人的。（3）遗弃没有独立生活能力的被扶养人的，是指负有扶养义务的人对于没有独立生活能力的被扶养人，故意不履行扶养义务。

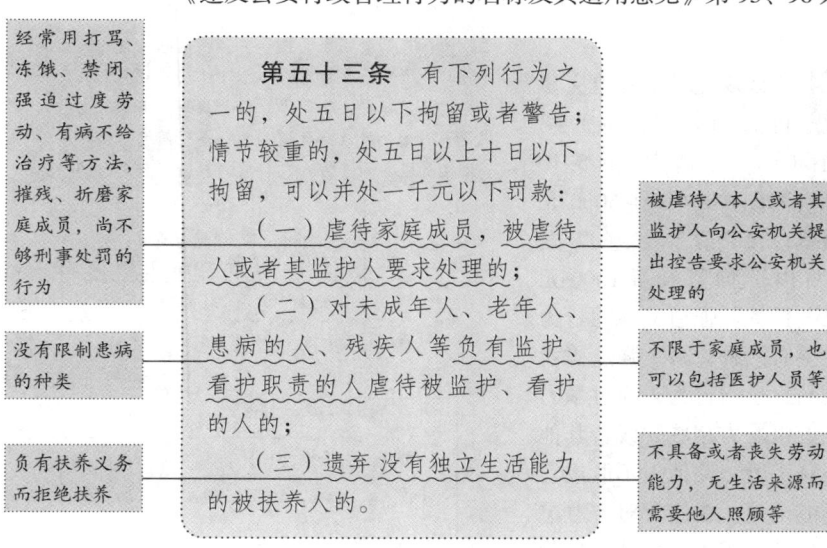

> 经常用打骂、冻饿、禁闭、强迫过度劳动、有病不给治疗等方法，摧残、折磨家庭成员，尚不够刑事处罚的行为

> 没有限制患病的种类

> 负有扶养义务而拒绝扶养

第五十三条　有下列行为之一的，处五日以下拘留或者警告；情节较重的，处五日以上十日以下拘留，可以并处一千元以下罚款：
（一）虐待家庭成员，被虐待人或者其监护人要求处理的；
（二）对未成年人、老年人、患病的人、残疾人等负有监护、看护职责的人虐待被监护、看护的人的；
（三）遗弃没有独立生活能力的被扶养人的。

> 被虐待人本人或者其监护人向公安机关提出控告要求公安机关处理的

> 不限于家庭成员，也可以包括医护人员等

> 不具备或者丧失劳动能力，无生活来源而需要他人照顾等

・61・

第五十四条　强迫交易的行为和处罚

沿革 本条对应旧法第46条，罚款金额提高。

延伸
《民法典》第4、5条
《刑法》第226条
《反不正当竞争法》第2条
《消费者权益保护法》第4条
《最高人民检察院、公安部关于公安机关管辖的刑事案件立案追诉标准的规定（一）》第28条
《违反公安行政管理行为的名称及其适用意见》第97条

解读 本条规定了对强迫交易行为的处罚，分为两档：（1）一般情节，处5~10日拘留，并处3000~5000元罚款；（2）情节较轻的，处5日以下拘留或者1000元以下罚款。强迫交易的行为主要有两种：（1）强迫买卖商品，是指行为人通过暴力或者以暴力相威胁或者其他强制手段，使他人不敢或者不能抗拒，在违背对方意愿的条件下买卖，包括强迫购买和强迫出售。（2）强迫服务，包括强迫他人提供服务和强迫他人接受服务。

> 行为人在享受服务消费时，不遵守公平自愿的原则，不顾提供服务方是否同意，强迫对方提供某种服务的行为

> 在商品交易中违反法律、法规和商品交易规则，不顾交易对方是否同意，强行买进或者强行卖出的行为

第五十四条　强买强卖商品，强迫他人提供服务或者强迫他人接受服务的，处五日以上十日以下拘留，并处三千元以上五千元以下罚款；情节较轻的，处五日以下拘留或者一千元以下罚款。

> 服务性质的行业在营业中，违反法律、法规和商业道德及公平自愿的原则，不顾消费者是否同意，强迫消费者接受其服务的行为

> 违法行为偶尔发生，行为人牟利较少，后果并不严重，行为人经教育劝导主动改正等

应当同时处罚

图表

本条行为类型
- 强迫购买商品
- 强迫出售商品
- 强迫他人提供服务
- 强迫他人接受服务

第五十五条 破坏民族团结的行为和处罚

沿革：本条对应旧法第47条，部分内容调整。

延伸：《刑法》第249、250条；《违反公安行政管理行为的名称及其适用意见》第98、99条

- 基于民族的来源、历史、风俗习惯等的不同而产生的民族间相互敌对、仇视的状况
- 以激起民族之间的仇恨、歧视为目的，公然以语言、文字等方式诱惑、鼓动群众的行为

> **第五十五条** 煽动民族仇恨、民族歧视，或者在出版物、信息网络中刊载民族歧视、侮辱内容的，处十日以上十五日以下拘留，可以并处三千元以下罚款；情节较轻的，处五日以下拘留或者三千元以下罚款。

- 报纸、期刊、图书、音像制品和电子出版物等
- 基于民族的来源、历史、风俗习惯等的不同，民族间相互排斥、限制、损害民族平等地位的状况
- 主要包括专用网和互联网
- 包括发表、制作、转载等
- 而非应当

解读：本条规定了对破坏民族团结行为的处罚，分为两档：（1）一般情节，处10~15日拘留，可以并处3000元以下罚款；（2）情节较轻的，处5日以下拘留或者3000元以下罚款。破坏民族团结的行为主要有两种：（1）故意煽动民族仇恨、民族歧视。（2）故意在出版物、信息网络中刊载民族歧视、侮辱内容。

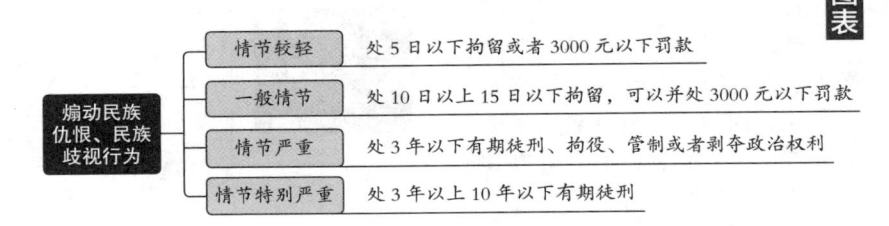

图表：

煽动民族仇恨、民族歧视行为
- 情节较轻 → 处5日以下拘留或者3000元以下罚款
- 一般情节 → 处10日以上15日以下拘留，可以并处3000元以下罚款
- 情节严重 → 处3年以下有期徒刑、拘役、管制或者剥夺政治权利
- 情节特别严重 → 处3年以上10年以下有期徒刑

第五十六条　侵犯公民个人信息的行为和处罚

沿革　本条为新增内容。

延伸　《民法典》第111、1034、1038、1039条　《刑法》第253条之一

第五十六条　违反国家有关规定，向他人出售或者提供个人信息的，处十日以上十五日以下拘留；情节较轻的，处五日以下拘留。

窃取或者以其他方法非法获取个人信息的，依照前款的规定处罚。

- 违反有关法律、行政法规、部门规章等国家层面涉及公民个人信息管理方面的规定
- 包括单位和个人
- 将自己掌握的公民信息提供给他人的行为
- 采用秘密的或不为人知的方法取得公民个人信息的行为
- 将自己掌握的公民信息卖给他人，自己从中牟利的行为
- 以电子或者其他方式记录的能够单独或者与其他信息结合识别特定自然人身份或者反映特定自然人活动情况的各种信息，包括姓名、身份证件号码、联系方式、住址、账号密码、财产状况、行踪轨迹等
- 通过购买、欺骗等方式非法获取公民个人信息的行为

解读　本条规定了对侵犯公民个人信息行为的处罚，分为两档：（1）一般情节，处10~15日拘留；（2）情节较轻的，处5日以下拘留。侵犯公民个人信息的行为主要有两种：（1）故意违反国家有关规定，向他人出售或者提供个人信息。（2）故意窃取或者以其他方法非法获取个人信息。

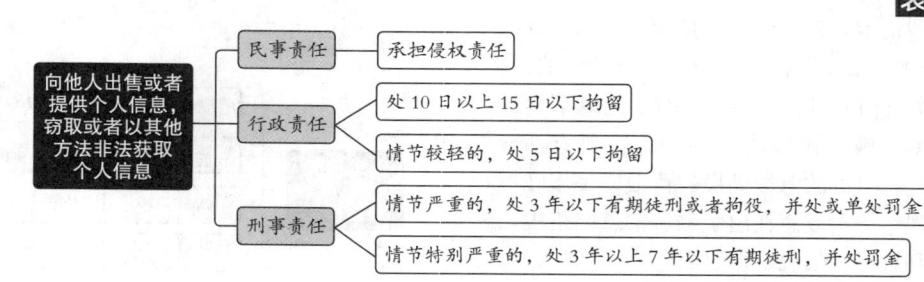

图表

向他人出售或者提供个人信息，窃取或者以其他方法非法获取个人信息
- 民事责任 —— 承担侵权责任
- 行政责任
  - 处10日以上15日以下拘留
  - 情节较轻的，处5日以下拘留
- 刑事责任
  - 情节严重的，处3年以下有期徒刑或者拘役，并处或单处罚金
  - 情节特别严重的，处3年以上7年以下有期徒刑，并处罚金

第五十七条　侵犯通信自由的行为和处罚

沿革 本条对应旧法第 48 条，部分情节调整，增加一档处罚幅度。

延伸 《刑法》第 252 条
《快递暂行条例》第 42 条
《违反公安行政管理行为的名称及其适用意见》第 100 条

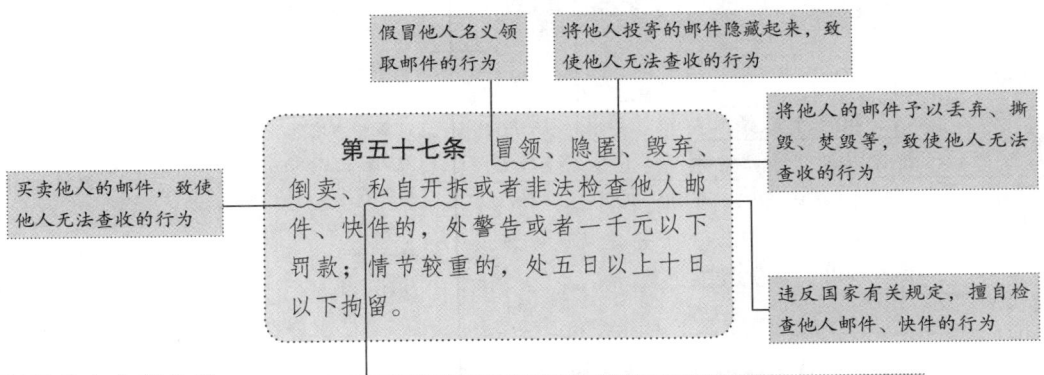

第五十七条 冒领、隐匿、毁弃、倒卖、私自开拆或者非法检查他人邮件、快件的，处警告或者一千元以下罚款；情节较重的，处五日以上十日以下拘留。

- 假冒他人名义领取邮件的行为
- 将他人投寄的邮件隐藏起来，致使他人无法查收的行为
- 将他人的邮件予以丢弃、撕毁、焚毁等，致使他人无法查收的行为
- 买卖他人的邮件，致使他人无法查收的行为
- 违反国家有关规定，擅自检查他人邮件、快件的行为
- 违反国家有关规定，未经投寄人或者收件人同意，私自开拆他人邮件的行为

解读 本条规定了对侵犯通信自由行为的处罚，分为两档：（1）一般情节，处警告或者 1000 元以下罚款；（2）情节较重的，处 5~10 日拘留。侵犯公民通信自由的行为，是指行为人故意实施冒领、隐匿、毁弃、倒卖、私自开拆或者非法检查他人邮件、快件的行为，侵犯了收件人的通信自由和通信秘密。

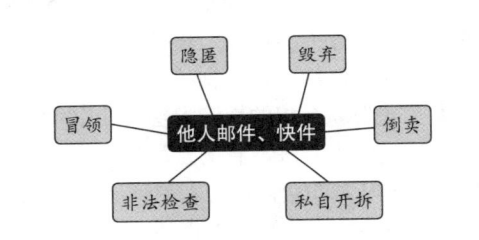

图表 他人邮件、快件：隐匿、毁弃、冒领、倒卖、非法检查、私自开拆

第 3 章　26~89

第五十八条 盗窃、诈骗、哄抢、抢夺或者敲诈勒索的行为和处罚

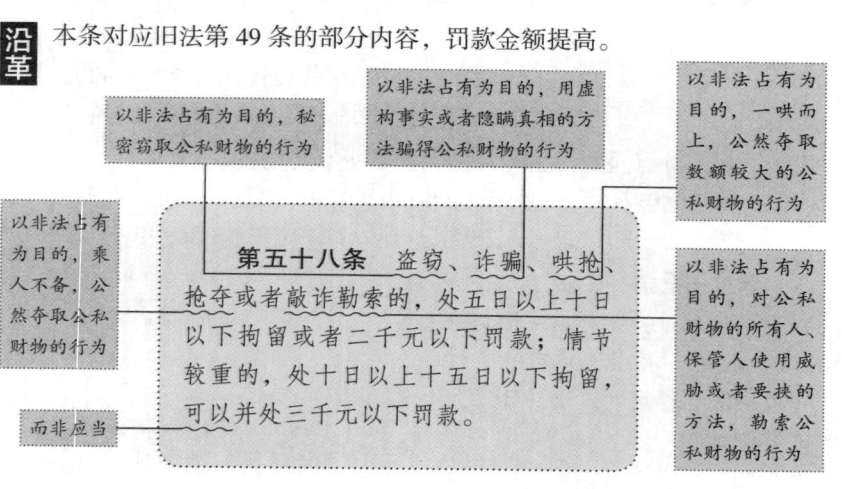

沿革 本条对应旧法第49条的部分内容，罚款金额提高。

延伸
《刑法》第263~267、274条
《违反公安行政管理行为的名称及其适用意见》第101~105条
《最高人民法院、最高人民检察院关于办理盗窃刑事案件适用法律若干问题的解释》第7条
《最高人民法院、最高人民检察院关于办理诈骗刑事案件具体应用法律若干问题的解释》
《最高人民法院、最高人民检察院关于办理抢夺刑事案件适用法律若干问题的解释》
《最高人民法院、最高人民检察院关于办理敲诈勒索刑事案件适用法律若干问题的解释》

- 以非法占有为目的，秘密窃取公私财物的行为
- 以非法占有为目的，用虚构事实或者隐瞒真相的方法骗得公私财物的行为
- 以非法占有为目的，一哄而上，公然夺取数额较大的公私财物的行为
- 以非法占有为目的，乘人不备，公然夺取公私财物的行为（而非应当）
- 以非法占有为目的，对公私财物的所有人、保管人使用威胁或者要挟的方法，勒索公私财物的行为

> 第五十八条 盗窃、诈骗、哄抢、抢夺或者敲诈勒索的，处五日以上十日以下拘留或者二千元以下罚款；情节较重的，处十日以上十五日以下拘留，可以并处三千元以下罚款。

解读 本条规定了对五种常见的侵犯财产权利行为的处罚，分为两档：（1）一般情节，处5~10日拘留或者2000元以下罚款；（2）情节较重的，处10~15日拘留，可以并处3000元以下罚款。本条规定的侵犯财产权利行为有五种：（1）盗窃：①行为人具有非法占有公私财物的目的。②行为人实施了秘密窃取的行为。③行为侵犯的对象是公私财物，包括金钱、物品、电力等。（2）诈骗：①行为人具有非法占有公私财物的目的。②行为人实施了以虚构事实或隐瞒真相的欺骗方法，使财物所有人、管理人产生错觉，从而"自愿地"交出财物的行为。（3）哄抢：①行为人出于非法占有的目的，一哄而上，乘乱或者乘危急抢走公私财物。②参加哄抢的人数较多。（4）抢夺：①行为人具有非法占有公私财物的目的。②行为人实施了乘人不备，公然夺取他人财物的行为。（5）敲诈勒索：①行为人具有非法占有公私财物的目的。②行为人必须使用威胁或者要挟的方法勒索财物。

第五十九条 故意损毁公私财物的行为和处罚

沿革 本条对应旧法第 49 条的部分内容，罚款金额提高。

延伸 《刑法》第 275 条
《违反公安行政管理行为的名称及其适用意见》第 106 条

> **第五十九条** 故意损毁公私财物的，处五日以下拘留或者一千元以下罚款；情节较重的，处五日以上十日以下拘留，可以并处三千元以下罚款。

而非应当

非法毁灭或者损坏公共财物或者公民私人所有财物的行为

解读 本条规定了对故意损毁公私财物行为的处罚，分为两档：（1）一般情节，处 5 日以下拘留或者 1000 元以下罚款；（2）情节较重的，处 5~10 日拘留，可以并处 3000 元以下罚款。本条规定的故意损毁公私财物行为，需要满足以下要件：（1）行为人必须是故意，即具有损毁公私财物的目的。（2）行为人实施了故意损毁公私财物的行为，使物品部分或者全部丧失价值和使用价值。旧法将故意损毁公私财物的行为与盗窃、诈骗、哄抢、抢夺和敲诈勒索五种行为规定在同一条中，新法则单独将故意损毁公私财物的行为规定为一条，处罚幅度与本法第 58 条相比较轻。

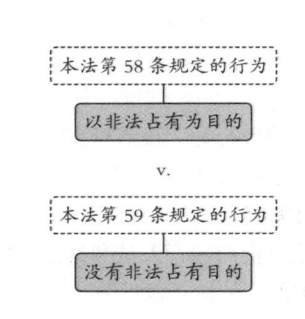

图表

本法第 58 条规定的行为
↓
以非法占有为目的

v.

本法第 59 条规定的行为
↓
没有非法占有目的

· 67 ·

第六十条　学生欺凌、学校违反规定不报告或者处置侵害未成年人的行为和处罚

沿革 本条为新增内容。

对学校的要求是"明知"，即通过学生报告、老师发现等明确知道

《未成年人保护法》《预防未成年人犯罪法》等有关青少年保护和预防青少年犯罪的法律法规

发生在学生之间，一方蓄意或者恶意通过肢体、语言及网络等手段实施欺压、侮辱，造成另一方人身伤害、财产损失或者精神损害的行为

采用拳打脚踢等方式打人

诋毁他人人格，破坏他人名誉

延伸
《未成年人保护法》第11、37、39、40、77、117、130条
《预防未成年人犯罪法》第35~37、39条

解读 本条新增对学生欺凌、学校明知学生欺凌而不按规定报告或处置的行为的处罚。（1）对实施学生欺凌的，处理原则是依照本法、《预防未成年人犯罪法》的规定，给予治安管理处罚、采取相应矫治教育等。（2）第2款规定的是学校违反规定不报告或者处置侵害未成年人的行为和处罚。具体违法行为要件如下：①主体限定为学校，不包括家长、居委会等。②学校对于发生学生欺凌或者其他侵害未成年学生的犯罪主观上是"明知"，即明确知道。③客观上，学校实施了"不按规定报告或者处置"的消极行为，该消极行为违反了有关法律法规对学校义务的规定。对于这一违法行为，公安机关应当采取下列措施：①责令改正。②对其直接负责的主管人员和其他直接责任人员建议有关部门依法予以处分。

第六十条 以殴打、侮辱、恐吓等方式实施学生欺凌，违反治安管理的，公安机关应当依照本法、《中华人民共和国预防未成年人犯罪法》的规定，给予治安管理处罚、采取相应矫治教育等措施。

学校违反有关法律法规规定，明知发生严重的学生欺凌或者明知发生其他侵害未成年学生的犯罪，不按规定报告或者处置的，责令改正，对其直接负责的主管人员和其他直接责任人员，建议有关部门依法予以处分。

公安机关责令其改正，此处的责令改正不是处罚的前提

公安机关不享有处分权，只能是建议有权机关给予处分

威胁或要挟他人，使他人精神受到恐慌的信息

（1）予以训诫；
（2）责令赔礼道歉、赔偿损失；
（3）责令具结悔过；
（4）责令定期报告活动情况；
（5）责令遵守特定的行为规范，不得实施特定行为、接触特定人员或者进入特定场所；
（6）责令接受心理辅导、行为矫治；
（7）责令参加社会服务活动；
（8）责令接受社会观护，由社会组织、有关机构在适当场所对未成年人进行教育、监督和管束；
（9）其他适当的矫治教育措施

以未成年人为对象的犯罪

教育等有关部门

第四节　妨害社会管理的行为和处罚

第六十一条　拒不执行政府发布的决定、命令和阻碍执行公务的行为和处罚

沿革 本条对应旧法第50条，罚款金额提高，部分情节调整。

延伸 《刑法》第277条　《违反公安行政管理行为的名称及其适用意见》第107~110条

解读 （1）本条第1款规定了对拒不执行政府发布的决定、命令和阻碍执行公务行为的处罚，分为两档：①一般情节，处警告或者500元以下罚款；②情节严重，处5~10日拘留，可以并处1000元以下罚款。本款规定了4种拒不执行政府发布的决定、命令和阻碍执行公务行为：①明知人民政府在紧急状态下依法发布的决定、命令，经劝说、警告或者处罚后仍不履行法定义务；②阻碍国家机关工作人员依法执行职务；③阻碍执行紧急任务的消防车、救护车、工程抢险车、警车或者执行上述紧急任务的专用船舶通行的；④强行冲闯公安机关设置的警戒带、警戒区或者检查点。（2）本条第2款规定了对阻碍人民警察依法执行职务的行为要从重处罚，体现了对人民警察执行职务的特殊保护。

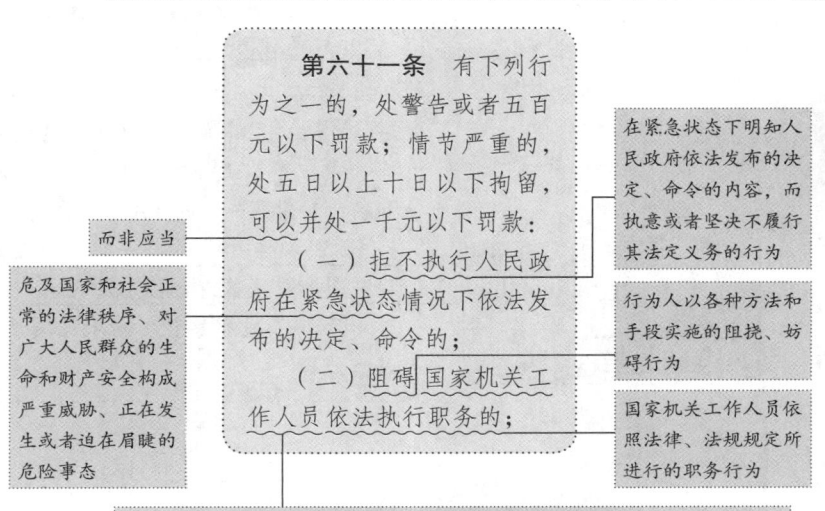

> **第六十一条**　有下列行为之一的，处警告或者五百元以下罚款；情节严重的，处五日以上十日以下拘留，可以并处一千元以下罚款：
> （一）拒不执行人民政府在紧急状态情况下依法发布的决定、命令的；
> （二）阻碍国家机关工作人员依法执行职务的；

- 而非应当
- 危及国家和社会正常的法律秩序、对广大人民群众的生命和财产安全构成严重威胁、正在发生或者迫在眉睫的危险事态
- 在紧急状态下明知人民政府依法发布的决定、命令的内容，而执意或者坚决不履行其法定义务的行为
- 行为人以各种方法和手段实施的阻挠、妨碍行为
- 国家机关工作人员依照法律、法规规定所进行的职务行为
- 包括：（1）中央及地方各级权力机关、党政机关、司法机关和军事机关的工作人员；（2）在依照法律、法规规定行使国家行政管理职权的组织中从事公务的人员；（3）在受国家机关委托代表国家机关行使职权的组织中从事公务的人员；（4）虽未列入国家机关人员编制但在国家机关中从事公务的人员等

第六十一条　拒不执行政府发布的决定、命令和阻碍执行公务的行为和处罚（续）

> 行为人以各种方法和手段实施的阻挠、妨碍车辆通行的行为

（三）阻碍执行紧急任务的消防车、救护车、工程抢险车、警车或者执行上述紧急任务的专用船舶通行的；

（四）强行冲闯公安机关设置的警戒带、警戒区或者检查点的。

阻碍人民警察依法执行职务的，从重处罚。

- 不听劝阻，强行通过
- 公安机关按照规定装备的，用于依法履行职责而在特定场所设置的禁止进入范围的专用标志物
- 强行冲撞非公安机关设置的警戒带、警戒区的，不属于本法规定的违法行为
- 公安机关按照规定，在一些特定地方，划定一定的区域限定部分人员出入的地区

第六十二条　冒充他人招摇撞骗的行为和处罚

沿革：本法对应旧法第 51 条，部分内容调整，处罚幅度提升。

延伸：《刑法》第 279 条　《违反公安行政管理行为的名称及其适用意见》第 110 条

> 非国家机关工作人员假冒国家机关工作人员的身份、地位，或者某一国家机关工作人员冒用其他国家机关工作人员的身份、地位的行为

第六十二条　冒充国家机关工作人员招摇撞骗的，处十日以上十五日以下拘留，可以并处一千元以下罚款；情节较轻的，处五日以上十日以下拘留。

冒充军警人员招摇撞骗的，从重处罚。

盗用、冒用个人、组织的身份、名义或者以其他虚假身份招摇撞骗的，处五日以下拘留或者一千元以下罚款；情节较重的，处五日以上十日以下拘留，可以并处一千元以下罚款。

- 而非应当
- 人民警察、人民解放军
- 为了谋取非法利益，以假冒的他人身份到处炫耀，利用人们对具有相应身份的人的信任和影响，骗取地位、荣誉、待遇以及玩弄女性等违法活动
- 冒充除国家机关工作人员以外的人员的身份

解读：本条规定了冒充他人招摇撞骗的行为，根据冒充对象的不同，处罚不同：（1）本条第 1 款规定了对冒充国家机关工作人员实施招摇撞骗行为的处罚，分两档：①一般情节，处 10~15 日拘留，可以并处 1000 元以下罚款；②情节较轻的，处 5~10 日拘留。（2）本条第 2 款规定，对冒充军警人员实施招摇撞骗行为的，从重给予治安管理处罚。（3）本条第 3 款规定了对盗用、冒用个人、组织的身份、名义或者以其他虚假身份实施招摇撞骗行为的处罚，分两档：①一般情节，处 5 日以下拘留或者 1000 元以下罚款；②情节较重的，处 5~10 日拘留，可以并处 1000 元以下罚款。

第六十三条　伪造、变造或者买卖公文、证件、证明文件、有价票证、凭证、船舶户牌的行为和处罚

沿革 本条对应旧法第52条，罚款金额提高，第2项为新增内容。

解读 本条规定了对各类伪造、变造相关文件行为的处罚：（1）一般情节，处10~15日拘留，可以并处5000元以下罚款；（2）情节较轻的，处5~10日拘留，可以并处3000元以下罚款。具体违法情节如下：（1）伪造、变造或者买卖真实存在的国家机关、人民团体、企业、事业单位或者其他组织的公文、证件、证明文件、印章的。（2）出租、出借真实的国家机关、人民团体、企业、事业单位或者其他组织的公文、证件、证明文件、印章，供他人非法使用的。（3）明知是伪造、变造的国家机关、人民团体、企业、事业单位或者其他组织的公文、证件、证明文件、印章，而买卖或使用的。（4）伪造、变造或者倒卖车票、船票、航空客票、文艺演出票、体育比赛入场券或者其他有价票证、凭证的。（5）伪造、变造船舶户牌，买卖或者使用伪造、变造的船舶户牌，或者涂改船舶发动机号码的。

延伸
《刑法》第227条
《违反公安行政管理行为的名称及其适用意见》第111~117条
《最高人民法院关于审理倒卖车票刑事案件有关问题的解释》
《最高人民检察院、公安部关于公安机关管辖的刑事案件立案追诉标准的规定（一）》第30条

无制作权的人，冒用有关机关、团体等单位的名义，非法制作国家机关、人民团体、企业、事业单位或者其他组织的公文、证件、证明文件、印章的行为

为了某种目的，非法购买或者销售国家机关、人民团体、企业、事业单位或者其他组织的公文、证件、证明文件、印章的行为

国家机关、人民团体、企业、事业单位或者其他组织在其职权内，以其名义制作的以指示工作、处理问题或者联系事务的各种书面文件，如决定、命令、决议、指示、通知、报告、信函、电文

而非应当　　而非应当

第六十三条　有下列行为之一的，处十日以上十五日以下拘留，可以并处五千元以下罚款；情节较轻的，处五日以上十日以下拘留，可以并处三千元以下罚款：
（一）伪造、变造或者买卖国家机关、人民团体、企业、事业单位或者其他组织的公文、证件、

用涂改、擦消、拼接等方法，对真实的公文、证件、证明文件、印章进行改制，变更其原来真实内容的行为

国家机关、人民团体、企业、事业单位或者其他组织制作颁发的用于证明身份、权利、义务关系或有关事实的凭证，主要包括证件、证书

第六十三条　伪造、变造或者买卖公文、证件、证明文件、有价票证、凭证、船舶户牌的行为和处罚（续）

> 刻有国家机关、人民团体、企业、事业单位或者其他组织名称的公章或者有某种特殊用途的专用章

> 由国家机关、人民团体、企业、事业单位或者其他组织开具的证明其身份的文书

证明文件、印章的；

（二）出租、出借国家机关、人民团体、企业、事业单位或者其他组织的公文、证件、证明文件、印章供他人非法使用的；

（三）买卖或者使用伪造、变造的国家机关、人民团体、企业、事业单位或者其他组织的公文、证件、证明文件、印章的；

（四）伪造、变造或者倒卖车票、船票、航空客票、文艺演出票、体育比赛入场券或者其他有价票证、凭证的；

（五）伪造、变造船舶户牌，买卖或者使用伪造、变造的船舶户牌，或者涂改船舶发动机号码的。

> 类似于车票、船票、航空客票、文艺演出票、体育比赛入场券，代表一定数额现金的证明票据

> 各类排水或者非排水的船、艇、筏、水上飞行器、潜水器、移动式平台以及其他水上移动装置

第六十四条 船舶擅自进入、停靠禁、限入水域或岛屿的行为和处罚

沿革 本条对应旧法第 53 条，罚款金额提高。

延伸 《违反公安行政管理行为的名称及其适用意见》第 118 条
《沿海船舶边防治安管理规定》第 13、17、28 条

> 我国领海海域内停泊、航行和从事生产作业的各类船舶。我国军用船舶、公务执法船舶及国家另有规定的除外

第六十四条 船舶擅自进入、停靠国家禁止、限制进入的水域或者岛屿的，对船舶负责人及有关责任人员处一千元以上二千元以下罚款；情节严重的，处五日以下拘留，可以并处二千元以下罚款。

> 出海船舶实行船长负责制

> 而非应当

解读 本条规定的是对船舶擅自进入、停靠禁、限入水域或岛屿行为的处罚，该条处罚的对象是有上述行为的船舶负责人及有关责任人员。处罚分两档：
（1）一般情节，处 1000~2000 元罚款；
（2）情节严重的，处 5 日以下拘留，可以并处 2000 元以下罚款。

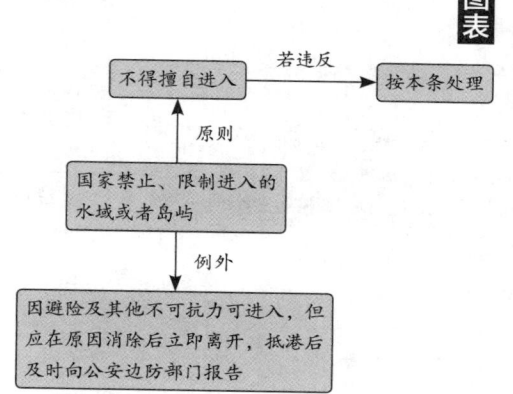

图表

不得擅自进入 —若违反→ 按本条处理
↑原则
国家禁止、限制进入的水域或者岛屿
↓例外
因避险及其他不可抗力可进入，但应在原因消除后立即离开，抵港后及时向公安边防部门报告

第六十五条 违反社会组织和特种行业的管理规定的行为和处罚

沿革 本条对应旧法第54条,部分情节调整,处罚加重。

解读（1）本条第1款规定了对违反社会组织和特种行业的管理规定行为的处罚,分为两档:①一般情节,处10~15日拘留,可以并处5000元以下罚款;②情节较轻的,处5~10日拘留或者1000~3000元罚款。具体情节包括:①违反国家关于社会组织登记、管理等方面的规定,未经注册登记,擅自以社会团体、基金会、社会服务机构等社会组织名义进行活动,被民政部门取缔后,仍进行活动的;②虽经注册登记,合法成立,但是因违法被主管部门撤销登记或者吊销登记证书的社会组织,已失去组织资格,仍以原社会组织名义进行活动的;③属于按照国家规定需要由公安机关许可的行业,未经公安机关许可,擅自经营的。（2）本条第2款规定,对于未经公安机关许可擅自经营国家规定需要由公安机关许可的行业的,公安机关应当予以取缔。被取缔1年以内又实施的,处10~15日拘留,并处3000~5000元罚款。（3）本条第3款规定,虽然取得公安机关的许可,但是在经营中违反国家有关管理规定,情节严重的,公安机关可以吊销其许可证件。

延伸
《社会团体登记管理条例》第2、3、9、32条
《基金会管理条例》第2、40条
《民政部关于进一步加强和改进社会服务机构登记管理工作的实施意见》
《保安服务管理条例》第9~12、41~49条
《旅馆业治安管理办法》第4、16条
《关于加强刻字业治安管理打击伪造印章犯罪活动的通知》
《典当管理办法》第4、58条
《公安机关执行〈中华人民共和国治安管理处罚法〉有关问题的解释》第4、6条
《违反公安行政管理行为的名称及其适用意见》第119~121条

> **第六十五条** 有下列行为之一的,处十日以上十五日以下拘留,<u>可以并处</u>五千元以下罚款;情节较轻的,处五日以上十日以下拘留或者一千元以上三千元以下罚款:

（而非应当;旧法为应当）

第六十五条　违反社会组织和特种行业的管理规定的行为和处罚（续）

> 国家关于社会组织管理、登记等方面的规定

> 申请成立社会团体，应当经其业务主管单位审查同意，由发起人向登记管理机关申请登记

> 公民自愿组成，为实现会员共同意愿，按照其章程开展活动的非营利性社会组织

（一）违反国家规定，未经注册登记，以社会团体、基金会、社会服务机构等社会组织名义进行活动，被取缔后，仍进行活动的；

> 利用自然人、法人或者其他组织捐赠的财产，以从事公益事业为目的，按照有关规定成立的非营利性法人

> 由民政部门取缔

（二）被依法撤销登记或者吊销登记证书的社会团体、基金会、社会服务机构等社会组织，仍以原社会组织名义进行活动的；

> 社会组织依法成立后，在开展活动中严重违反国家有关规定，被有关主管部门予以撤销登记或吊销登记证书

> 经营保安服务、设立保安培训机构、经营旅馆业、公章刻制业、典当业等

（三）未经许可，擅自经营按照国家规定需要由公安机关许可的行业的。

有前款第三项行为的，予以取缔。被取缔一年以内又实施的，处十日以上十五日以下拘留，并处三千元以上五千元以下罚款。

> 应当

取得公安机关许可的经营者，违反国家有关管理规定，情节严重的，公安机关可以吊销许可证件。

> 国家关于特许行业管理的有关规定

第六十六条　煽动、策划非法集会、游行、示威的行为和处罚

沿革 本条对应旧法第 55 条。

延伸 《刑法》第 296 条
《集会游行示威法》第 7、12 条
《违反公安行政管理行为的名称及其适用意见》第 122 条

- 在露天公共场所或者公共道路上以集会、游行、静坐等方式，表达要求、抗议或者支持、声援等共同意愿的活动
- 聚集于露天公共场所，发表意见、表达意愿的活动
- **第六十六条**　煽动、策划非法集会、游行、示威，不听劝阻的，处十日以上十五日以下拘留。
- 违法的前置条件。经国家有关机关制止后主动停止相关活动的，不适用治安管理处罚
- 在公共道路、露天公共场所列队行进、表达共同意愿的活动

图表 不得进行的集会、游行、示威：
- 反对宪法所确定的基本原则的
- 危害国家统一、主权和领土完整的
- 煽动民族分裂的
- 直接危害公共安全或者严重破坏社会秩序的

解读 本条是对煽动、策划非法集会、游行、示威行为的处罚，只有一档，即处 10~15 日拘留。本条违法行为的要件包括：(1) 行为人实施了煽动、策划非法集会、游行、示威活动的行为。本条只处罚煽动者、策划者，而不处罚参与者等。(2) 行为人的煽动、策划曾被国家有关机关制止，但是其不听劝阻，继续实施煽动、策划行为。

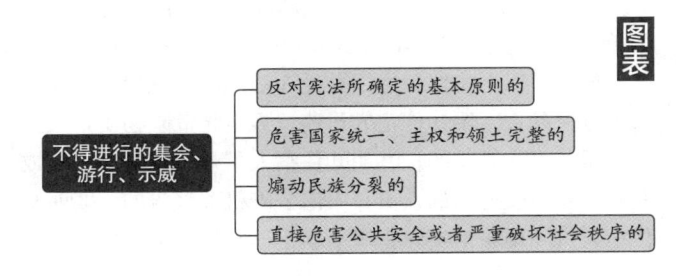

第六十七条 从事旅馆业经营活动中违反治安管理的行为和处罚

沿革 本法对应旧法第 56 条，改动较大。

延伸
《刑法》第 361、362 条
《违反公安行政管理行为的名称及其适用意见》第 122~125 条
《旅馆业治安管理办法》第 6、9、11、12 条

解读 本条为对从事旅馆业经营活动中违反治安管理行为的处罚，处罚主体均为直接负责的主管人员和其他直接责任人员，与旧法"旅馆业工作人员"范围不同，作为投资人的股东等不属于新法的违法主体。（1）本条第 1 款规定了登记相关违法行为的处罚，分为两档：①一般情节，处 500~1000 元罚款；②情节较轻的，处警告或者 500 元以下罚款。违法行为分两种：①不按规定登记住宿人员姓名、有效身份证件种类和号码等信息的。②为身份不明、拒绝登记身份信息的人提供住宿服务的。（2）本条第 2 款为本法与《反恐怖主义法》的衔接适用。（3）本条第 3 款规定了对严重违反旅馆业管理制度行为的处罚，分为两档：①一般情节，处 1000~3000 元罚款；②情节严重的，处 5 日以下拘留，可以并处 3000~5000 元罚款。违法行为分三种：①明知住宿人员违反规定将危险物质带入住宿区域，不予制止的；②明知住宿人员是犯罪嫌疑人员或者被公安机关通缉的人员，不向公安机关报告的；③明知住宿人员利用旅馆实施犯罪活动，不向公安机关报告的。

第六十七条 从事旅馆业经营活动不按规定登记住宿人员姓名、有效身份证件种类和号码等信息的，或者为身份不明、拒绝登记身份信息的人提供住宿服务的，对其直接负责的主管人员和其他直接责任人员处五百元以上一千元以下罚款；情节较轻的，处警告或者五百元以下罚款。

实施前款行为，妨害反恐怖主义工作进行，违反《中华人民共和国反恐怖主义法》规定的，依照其规定处罚。

旅馆接待旅客住宿必须登记。登记时，应当查验旅客的身份证件，按规定的项目如实登记。接待境外旅客住宿，还应当在 24 小时内向当地公安机关报送住宿登记表

第六十七条　从事旅馆业经营活动中违反治安管理的行为和处罚（续）

> 从事旅馆业经营活动有下列行为之一的，对其直接负责的主管人员和其他直接责任人员处一千元以上三千元以下罚款；情节严重的，处五日以下拘留，可以并处三千元以上五千元以下罚款：
>
> （一）明知住宿人员违反规定将危险物质带入住宿区域，不予制止的；
>
> （二）明知住宿人员是犯罪嫌疑人员或者被公安机关通缉的人员，不向公安机关报告的；
>
> （三）明知住宿人员利用旅馆实施犯罪活动，不向公安机关报告的。

- 旅馆业的工作人员对旅客的行为必须是明确知道的，而不仅是怀疑或者猜测
- 不要求制止得到阻止其进入或者其他结果，但要求其履行制止这一职责
- 严禁旅客将易燃、易爆、剧毒、腐蚀性和放射性等危险物品带入旅馆
- 爆炸性、毒害性、放射性、腐蚀性物质和传染病病原体等
- 一般指刑事案件侦查过程中，被怀疑实施了犯罪行为的人
- 实施犯罪活动的过程中，旅馆起到了一定的作用
- 行为人实施了危害他人、社会或者公共安全，依照《刑法》的规定应当受到刑事处罚的行为

第六十八条　房屋出租人违反治安管理的行为和处罚

沿革 本条对应旧法第57条，部分情节调整，罚款金额提高。

旅馆业以外的以营利为目的，将属于公民本人所有和单位所有的房屋出租给别人的经营者

延伸《违反公安行政管理行为的名称及其适用意见》第126~128条
《商品房屋租赁管理办法》第15、17、20条

> **第六十八条** 房屋出租人将房屋出租给身份不明、拒绝登记身份信息的人的，或者不按规定登记承租人姓名、有效身份证件种类和号码等信息的，处五百元以上一千元以下罚款；情节较轻的，处警告或者五百元以下罚款。
>
> 房屋出租人明知承租人利用出租房屋实施犯罪活动，不向公安机关报告的，处一千元以上三千元以下罚款；情节严重的，处五日以下拘留，可以并处三千元以上五千元以下罚款。

不登记或者登记不符合房屋租赁相关规定的

无有效身份证件证明其身份

解读 本条规定了对房屋出租人违反治安管理行为的处罚。（1）本条第1款规定了两档处罚：①一般情节，处500~1000元罚款；②情节较轻的，处警告或者500元以下罚款。具体违法行为包括：①将房屋出租给身份不明、拒绝登记身份信息的人的；②不按规定登记承租人姓名、有效身份证件种类和号码等信息的。（2）本条第2款规定，对房屋出租人明知承租人利用出租房屋实施犯罪活动，不向公安机关报告的，有两档处罚：①一般情节，处1000~3000元罚款；②情节严重的，处5日以下拘留，可以并处3000~5000元罚款。该违法行为有以下要件：①行为人主观上必须是明知。②必须是承租人利用出租房屋实施犯罪活动，如果犯罪活动不是发生在该房屋内，则出租人不报告也不构成违法。③出租人没有履行向公安机关报告的法定义务。

第六十九条 娱乐场所和公章刻制、机动车修理、报废机动车回收行业经营者不依法登记信息的行为和处罚

沿革 本条为新增内容。

延伸 《娱乐场所管理条例》第2、11、47条
《机动车修理业、报废机动车回收业治安管理办法》

以营利为目的，向公众开放、消费者自娱自乐的歌舞、游艺等场所

> **第六十九条** 娱乐场所和公章刻制、机动车修理、报废机动车回收行业经营者违反法律法规关于要求登记信息的规定，不登记信息的，处警告；拒不改正或者造成后果的，对其直接负责的主管人员和其他直接责任人员处五日以下拘留或者三千元以下罚款。

经相关机关要求改正而不改正

法定代表人或经营负责人

解读 本条规定，对娱乐场所和公章刻制、机动车修理、报废机动车回收行业经营者违反法律法规关于要求登记信息的规定，不登记信息的，予以处罚。这些行业均为容易发生犯罪行为或者为犯罪提供帮助、进行销赃。本条处罚分为两档：（1）一般情节，处警告。（2）拒不改正或者造成后果的，处5日以下拘留或者3000元以下罚款，处罚对象是其直接负责的主管人员和其他直接责任人员。

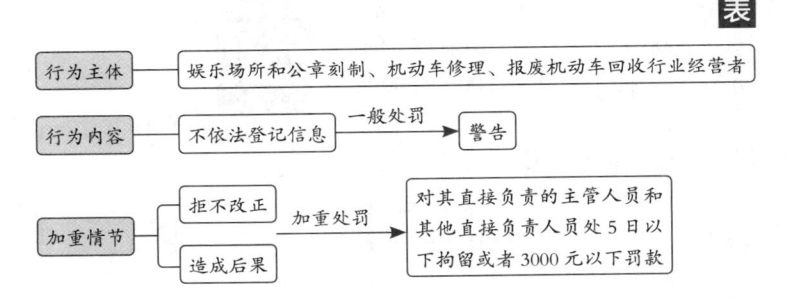

图表

行为主体	娱乐场所和公章刻制、机动车修理、报废机动车回收行业经营者
行为内容	不依法登记信息 —— 一般处罚 → 警告
加重情节	拒不改正 / 造成后果 —— 加重处罚 → 对其直接负责的主管人员和其他直接负责人员处5日以下拘留或者3000元以下罚款

第七十条　非法安装、使用、提供窃听、窃照专用器材的行为和处罚

沿革　本条为新增内容。

延伸　《刑法》第284条

违反国家规定使用窃听、窃照专用器材，包括无权使用的人使用以及有权使用的人违反规定使用

非法向他人提供

有窃听、窃照功能，并专门用于窃听、窃照活动的器材，如专用于窃听、窃照的窃听器、微型录音机、微型照相机

第七十条　非法安装、使用、提供窃听、窃照专用器材的，处五日以下拘留或者一千元以上三千元以下罚款；情节较重的，处五日以上十日以下拘留，并处三千元以上五千元以下罚款。

应当同时处罚

解读　本条规定了对非法安装、使用、提供窃听、窃照专用器材行为的处罚，为新法增加的内容，体现了与《刑法》的呼应。处罚分为两档：（1）一般情节，处5日以下拘留或者1000~3000元罚款；（2）情节较重的，处5~10日拘留，并处3000~5000元罚款。本条规定的情节为自己非法使用、向他人提供窃听、窃照专用器材，并不要求造成后果。如果造成严重后果，则构成非法使用窃听、窃照专用器材罪，将受到刑事处罚。

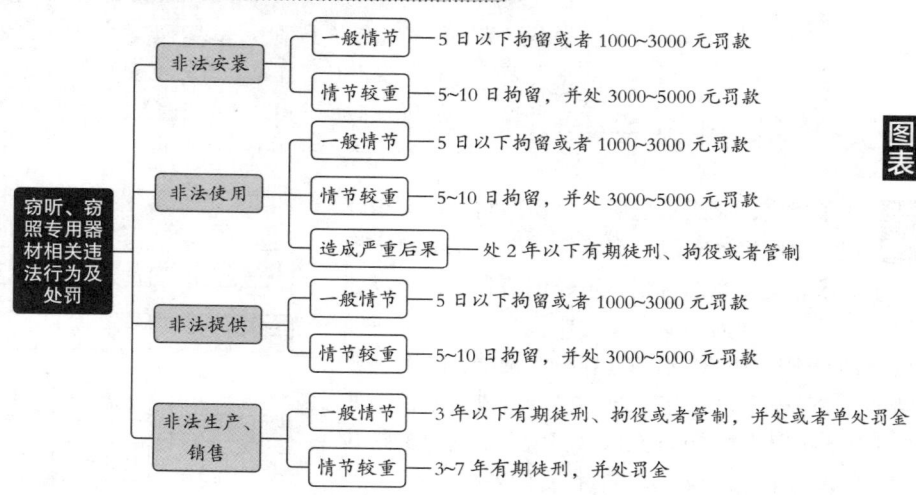

图表

窃听、窃照专用器材相关违法行为及处罚
- 非法安装
  - 一般情节 —— 5日以下拘留或者1000~3000元罚款
  - 情节较重 —— 5~10日拘留，并处3000~5000元罚款
- 非法使用
  - 一般情节 —— 5日以下拘留或者1000~3000元罚款
  - 情节较重 —— 5~10日拘留，并处3000~5000元罚款
  - 造成严重后果 —— 处2年以下有期徒刑、拘役或者管制
- 非法提供
  - 一般情节 —— 5日以下拘留或者1000~3000元罚款
  - 情节较重 —— 5~10日拘留，并处3000~5000元罚款
- 非法生产、销售
  - 一般情节 —— 3年以下有期徒刑、拘役或者管制，并处或者单处罚金
  - 情节较重 —— 3~7年有期徒刑，并处罚金

第七十一条　典当业、废旧物品收购业的非法行为和处罚

沿革　本条对应旧法第59条，罚款金额提高，部分内容调整。

解读　本条规定了对典当业、废旧金属收购业、废旧物品收购业的非法行为的处罚，分为两档：（1）一般情节，处1000~3000元罚款；（2）情节严重的，处5~10日拘留，并处1000~3000元罚款。本条规定了4种违法行为：（1）针对典当业工作人员：①承接典当的物品，违反法定义务，不查验有关证明、不履行登记手续的。②违反国家规定对明知是违法犯罪嫌疑人、赃物而不向公安机关报告的。（2）针对废旧物品收购业，违反国家规定，收购铁路、油田、供电、电信、矿山、水利、测量和城市公用设施等废旧专用器材的。（3）针对废旧物品收购业：①收购公安机关通报寻查的赃物的；②收购有赃物嫌疑的物品的。（4）针对废旧物品收购业，收购国家法律、行政法规明令禁止收购的其他物品的。

延伸
《刑法》第312条
《典当管理办法》第3、35、51、52、66条
《废旧金属收购业治安管理办法》第6、8、9条
《违反公安行政管理行为的名称及其适用意见》第130~134条

> 第七十一条　有下列行为之一的，处一千元以上三千元以下罚款；情节严重的，处五日以上十日以下拘留，并处一千元以上三千元以下罚款：
> （一）典当业工作人员承接典当的物品，不查验有关证明、不履行登记手续的，或者违反国家规定对明知是违法犯罪嫌疑人、赃物而不向公安机关报告的；
> （二）违反国家规定，收购铁路、油田、供电、电信、矿山、水利、测量和城市公用设施等废旧专用器材的；
> （三）收购公安机关通报寻查的赃物或者有赃物嫌疑的物品的；
> （四）收购国家禁止收购的其他物品的。

- 当户将其动产、财产权利作为当物质押或者将其房地产作为当物抵押给典当行，交付一定比例费用，取得当金，并在约定期限内支付当金利息、偿还当金、赎回当物
- 由于丢失物品的单位或者个人向公安机关报告，公安机关经过侦查确认并向废旧金属收购业、废旧物品收购业发出通报的物品
- 国家法律、行政法规明令禁止收购的物品
- 应当同时处罚
- 主要是指生产性废旧金属
- 公安机关通报寻查的其他涉嫌被盗、被抢或被骗的赃物

第七十二条　妨害执法秩序的行为和处罚

沿革　本条对应旧法第60条，部分情节调整，罚款金额提高。

解读　本条规定对4种妨害执法秩序的行为的处罚，分两档：（1）一般情节：处5~10日拘留，可以并处1000元以下罚款；（2）情节较轻的，处警告或者1000元以下罚款。具体情节：（1）隐藏、转移、变卖、擅自使用或者损毁行政执法机关依法扣押、查封、冻结、扣留、先行登记保存的财物的。（2）伪造、隐匿、毁灭证据或者提供虚假证言、谎报案情，影响行政执法机关依法办案的。（3）明知是赃物而窝藏、转移或者代为销售的；本行为情节严重的，可能构成犯罪。（4）被依法执行管制、剥夺政治权利或者在缓刑、暂予监外执行中的罪犯或者被依法采取刑事强制措施的人，有违反法律、行政法规或者国务院有关部门的监督管理规定的行为的；如果违反规定的行为构成犯罪，则应当依法追究其刑事责任。

延伸
《刑法》第310、312条
《刑事诉讼法》第265、269条
《治安管理处罚法》第18条
《违反公安行政管理行为的名称及其适用意见》第135~140条
《机动车修理业、报废机动车回收业治安管理办法》第15条
《报废机动车回收管理办法》第20条

可以选择是否并罚

第七十二条　有下列行为之一的，处五日以上十日以下拘留，可以并处一千元以下罚款；情节较轻的，处警告或者一千元以下罚款：

（一）隐藏、转移、变卖、擅自使用或者损毁行政执法机关依法扣押、查封、冻结、扣留、先行登记保存的财物的；

（二）伪造、隐匿、毁灭证据或者提供虚假证言、谎报案情，影响行政执法机关依法办案的；

将行政执法机关依法扣押、查封、冻结的财物私自隐藏、躲避执法机关查处的行为

将扣押、查封的财物故意损坏或毁坏的行为

案件的证人或者当事人不如实作证而提供虚假证言或谎报案情，从而影响行政执法机关依法办案的行为

将扣押、查封、冻结的财物私自转送他处以逃避处理的行为

擅自将扣押、查封的物品作价出卖的行为

行为人为了逃避法律责任，捏造事实，制造虚假证据，或者对证据隐藏、销毁的行为

包括行政机关办理行政案件，以及公安机关办理刑事案件的侦查阶段

第七十二条　妨害执法秩序的行为和处罚（续）

- 由违法分子不法获得，并且需要由行政执法机关依法追查的财物 → （三）明知是赃物而窝藏、转移或者代为销售的；
- 被判处管制的犯罪分子交由公安机关执行
- 根据《刑事诉讼法》的规定，由人民法院、人民检察院和公安机关根据案件情况，对犯罪嫌疑人、被告人采取拘传、取保候审或者监视居住强制措施的情况
- （四）被依法执行管制、剥夺政治权利或者在缓刑、暂予监外执行中的罪犯或者被依法采取刑事强制措施的人，有违反法律、行政法规或者国务院有关部门的监督管理规定的行为的。
- 使用各种方法将违法所得及其收益隐藏起来
- 将违法所得及其收益转移到他处
- 代替违法人员将违法所得及其收益卖出的行为
- 由人民法院依法判决剥夺政治权利的犯罪分子

第七十三条　妨害司法秩序的行为和处罚

沿革 本条为新增内容。

对判处管制、宣告缓刑的犯罪分子，人民法院根据犯罪情况，认为从促进犯罪分子教育矫正、有效维护社会秩序的需要出发，确有必要禁止其在管制执行期间、缓刑考验期限内从事特定活动，进入特定区域、场所，接触特定人的，可以同时宣告禁止令

延伸
《刑法》第37、38、72条
《反家庭暴力法》第16、17条
《妇女权益保障法》第80条
《关于对判处管制、宣告缓刑的犯罪分子适用禁止令有关问题的规定（试行）》

解读 本条规定了妨害司法秩序的违法行为，处罚分两档：（1）一般情节，处警告或者1000元以下罚款；（2）情节较重的，处5~10日拘留，可以并处1000元以下罚款。具体情节包括：（1）违反法院刑事判决中的禁令：①违反法院刑事判决中的禁止令；②违反法院刑事判决中的职业禁止决定。如果判决中没有明确判项，则不构成违法。（2）拒不执行公安机关告诫书：①拒不执行公安机关依照《反家庭暴力法》出具的禁止家庭暴力告诫书；②拒不执行公安机关依照《妇女权益保障法》出具的禁止性骚扰告诫书。（3）违反监察机关在监察工作中、司法机关在刑事诉讼中依法采取的禁止接触证人、鉴定人、被害人及其近亲属保护措施的。

第七十三条　有下列行为之一的，处警告或者一千元以下罚款；情节较重的，处五日以上十日以下拘留，可以并处一千元以下罚款：
（一）违反人民法院刑事判决中的禁止令或者职业禁止决定的；
（二）拒不执行公安机关依照《中华人民共和国反家庭暴力法》《中华人民共和国妇女权益保障法》出具的禁止家庭暴力告诫书、禁止性骚扰告诫书的；
（三）违反监察机关在监察工作中、司法机关在刑事诉讼中依法采取的禁止接触证人、鉴定人、被害人及其近亲属保护措施的。

- 可以选择是否并处
- 因利用职业便利实施犯罪，或者违背职业要求的特定义务的犯罪被判处刑罚的，人民法院可以根据犯罪情况和预防再犯罪的需要，禁止其自刑罚执行完毕之日或者假释之日起从事相关职业，期限为3~5年
- 家庭暴力情节较轻，依法不给予治安管理处罚的，由公安机关对加害人给予批评教育或者出具告诫书
- 对妇女实施性骚扰的，由公安机关给予批评教育或者出具告诫书

第七十四条　依法被关押的违法行为人脱逃的行为和处罚

沿革 本条为新增内容。

延伸 《刑法》第316条

> **第七十四条**　依法被关押的违法行为人脱逃的，处十日以上十五日以下拘留；情节较轻的，处五日以上十日以下拘留。

- 行为人逃离监管场所的行为
- 经过法定程序，被公安机关认定为违法行为人并被关押的人

解读 本条规定的是对依法被关押的违法行为人脱逃的处罚，分为两档：（1）一般情节，处10~15日拘留；（2）情节较轻的，处5~10日拘留。本条规定的行为构成要件包括：（1）主体是依法被关押的违法行为人：①违法行为人被依法关押，即已经过法定程序被关押。②违法行为人处于被关押的状态。（2）违法行为人实施了逃离监管场所的行为。如果被关押人违反的是《刑法》的规定，则有可能构成脱逃罪。

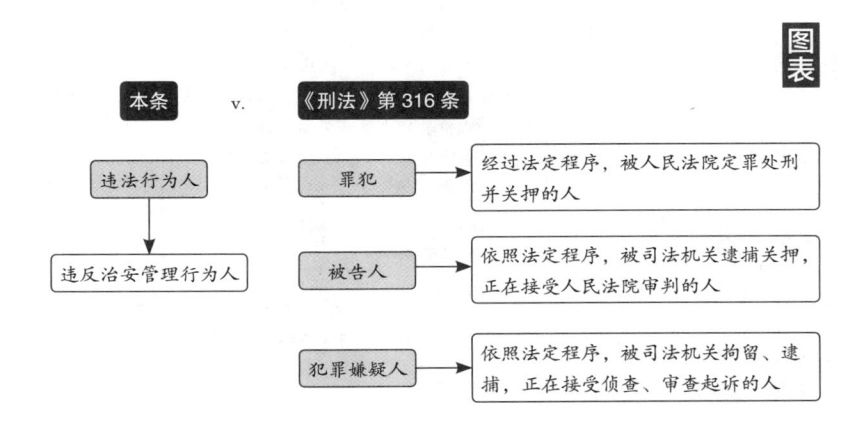

图表

本条　v.　《刑法》第316条

- 违法行为人 → 违反治安管理行为人
- 罪犯：经过法定程序，被人民法院定罪处刑并关押的人
- 被告人：依照法定程序，被司法机关逮捕关押，正在接受人民法院审判的人
- 犯罪嫌疑人：依照法定程序，被司法机关拘留、逮捕，正在接受侦查、审查起诉的人

第七十五条　妨害文物管理的行为和处罚

沿革　本条对应旧法第 63 条，罚款金额提高，部分情节调整。

解读　本条是对妨害文物管理行为的处罚，分为两档：（1）一般情况，处警告或者 500 元以下罚款；（2）情节较重的，处 5~10 日拘留，并处 500~1000 元罚款。违法情节包括：（1）故意刻划、涂污或者以其他方式故意损坏国家保护的文物、名胜古迹的；（2）违反国家规定，在文物保护单位附近进行爆破、钻探、挖掘等活动，危及文物安全的。以上违法行为，如果情节严重，则可能构成故意损毁文物罪、故意损毁名胜古迹罪和过失损毁文物罪。

延伸　《刑法》第 324 条　《文物保护法》第 2、28、83 条　《违反公安行政管理行为的名称及其适用意见》第 144、145 条

> 第七十五条　有下列行为之一的，处警告或者五百元以下罚款；情节较重的，处五日以上十日以下拘留，并处五百元以上一千元以下罚款：
> （一）刻划、涂污或者以其他方式故意损坏国家保护的文物、名胜古迹的；
> （二）违反国家规定，在文物保护单位附近进行爆破、钻探、挖掘等活动，危及文物安全的。

- 人类创造的或者与人类活动有关的，具有历史、艺术、科学价值的下列物质遗存：（1）古文化遗址、古墓葬、古建筑、石窟寺和古石刻、古壁画；（2）与重大历史事件、革命运动或者著名人物有关的以及具有重要纪念意义、教育意义或者史料价值的近代、现代重要史迹、实物、代表性建筑；（3）历史上各时代珍贵的艺术品、工艺美术品；（4）历史上各时代重要的文献资料、手稿和图书资料等；（5）反映历史上各时代、各民族社会制度、社会生产、社会生活的代表性实物

- 人民政府按照法定程序确定的，具有历史、艺术、科学价值的革命遗址、纪念建筑物、古文化遗址、古墓葬、古建筑、石窟、寺院、石刻等不可移动的文物

- 在文物、名胜古迹上面用各种硬物（包括笔、尖石块、各种金属等）刻写、凿划的行为

- 在文物上进行涂抹的行为

- 过失不构成违法

- 可供人参观游览的著名风景区以及虽未被人民政府核定公布为文物保护单位但也具有一定历史意义的古建筑、雕刻、石刻等历史陈迹

- 违反国家有关文物保护的法律、行政法规和国家文物保护主管部门颁发的各种有关规定等

第七十六条　非法驾驶交通工具的行为和处罚

沿革　本条对应旧法第64条，罚款金额提高。

《违反公安行政管理行为的名称及其适用意见》第146、147条 **延伸**

《沿海船舶边防治安管理规定》第29条

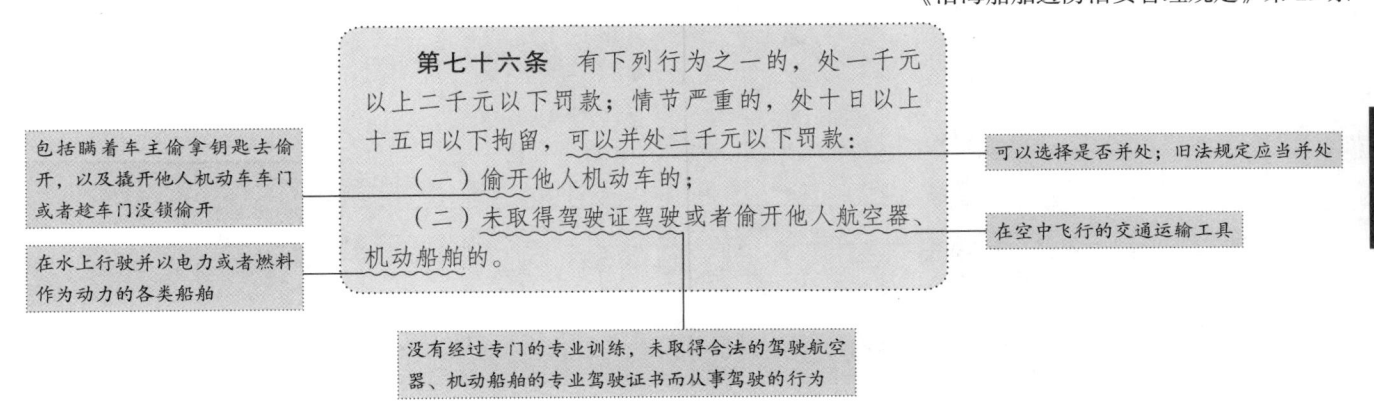

> **第七十六条**　有下列行为之一的，处一千元以上二千元以下罚款；情节严重的，处十日以上十五日以下拘留，可以并处二千元以下罚款：
> （一）偷开他人机动车的；
> （二）未取得驾驶证驾驶或者偷开他人航空器、机动船舶的。

- 包括瞒着车主偷拿钥匙去偷开，以及撬开他人机动车车门或者趁车门没锁偷开 → （一）偷开他人机动车的
- 在水上行驶并以电力或者燃料作为动力的各类船舶 → 机动船舶
- 可以选择是否并处；旧法规定应当并处 → 可以并处二千元以下罚款
- 在空中飞行的交通运输工具 → 航空器
- 没有经过专门的专业训练，未取得合法的驾驶航空器、机动船舶的专业驾驶证书而从事驾驶的行为 → 未取得驾驶证驾驶

解读　本条规定对非法驾驶交通工具行为的处罚，分为两档：（1）一般情节，处1000~2000元罚款；（2）情节严重的，处10~15日拘留，可以并处2000元以下罚款。违法情节包括：（1）不以非法占有他人机动车为目的，偷开他人机动车的。以非法占有为目的，则构成盗窃。偷开他人机动车"情节严重"，一般是指有多次偷开他人机动车行为的情况。（2）未取得驾驶证驾驶或者偷开他人航空器、机动船舶的，情节严重是指未取得驾驶证多次驾驶的情况。

图表　本条规定的交通工具：机动车、航空器、机动船舶

·89·

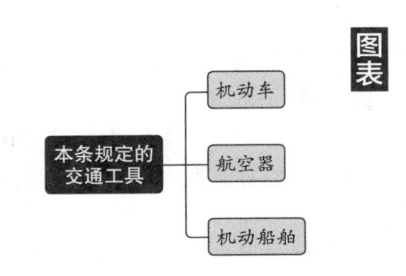

第七十七条　破坏他人坟墓或者尸体的行为和处罚

沿革　本条对应旧法第 65 条，罚款金额提高。

延伸　《违反公安行政管理行为的名称及其适用意见》第 148~150 条

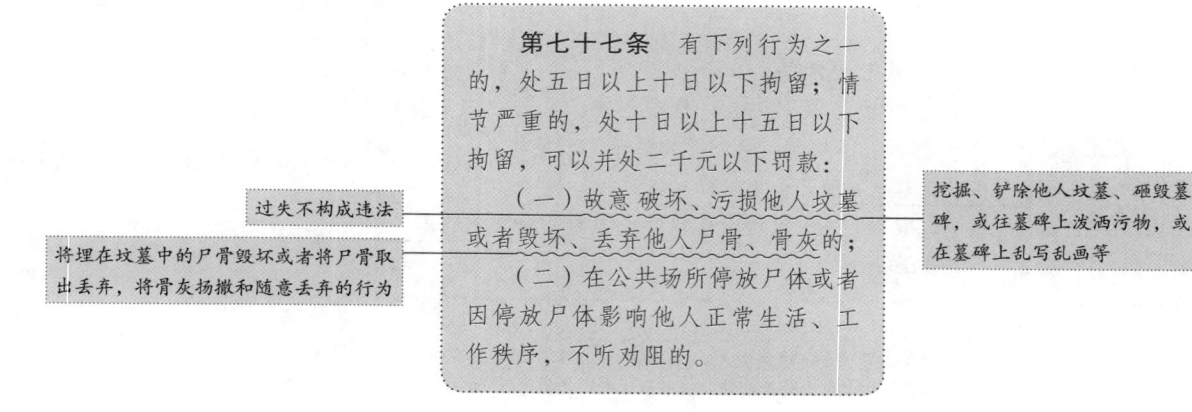

> **第七十七条**　有下列行为之一的，处五日以上十日以下拘留；情节严重的，处十日以上十五日以下拘留，可以并处二千元以下罚款：
> （一）故意破坏、污损他人坟墓或者毁坏、丢弃他人尸骨、骨灰的；
> （二）在公共场所停放尸体或者因停放尸体影响他人正常生活、工作秩序，不听劝阻的。

- 过失不构成违法
- 将埋在坟墓中的尸骨毁坏或者将尸骨取出丢弃，将骨灰扬撒和随意丢弃的行为
- 挖掘、铲除他人坟墓、砸毁墓碑，或往墓碑上泼洒污物，或在墓碑上乱写乱画等

解读　本条规定了对破坏他人坟墓或者尸体行为的处罚，分为两档：（1）一般情节，处 5~10 日拘留；（2）情节严重的，处 10~15 日拘留，可以并处 2000 元以下罚款。具体情节为：（1）故意破坏、污损他人坟墓或者毁坏、丢弃他人尸骨、骨灰的，情节严重，是指对他人的坟墓、尸骨等破坏的程度比较严重的情况。（2）在公共场所停放尸体或者因停放尸体影响他人正常生活、工作秩序，并且不听劝阻的，情节严重，一般是指停放尸体造成了恶劣影响，或者停放时间比较长的情况。

第七十八条　卖淫、嫖娼和拉客招嫖的行为和处罚

沿革 本条对应旧法第 66 条，罚款金额提高。

延伸 《治安管理处罚法》第 78 条　《违反公安行政管理行为的名称及其适用意见》第 151~153 条

> 第七十八条　卖淫、嫖娼的，处十日以上十五日以下拘留，可以并处五千元以下罚款；情节较轻的，处五日以下拘留或者一千元以下罚款。
> 在公共场所拉客招嫖的，处五日以下拘留或者一千元以下罚款。

- 以牟利为目的，通过出卖自身肉体与他人进行金钱交易的行为
- 通过金钱与从事卖淫的人进行交易的行为
- 可以选择是否同时处罚
- 主要是指在街道两侧、宾馆、饭店、娱乐场所等公共场所
- 公开拉扯、阻挡他人等，并向他人要求卖淫的行为

解读（1）本条第 1 款规定了对卖淫、嫖娼行为的处罚，分两档：①一般情节，处 10~15 日拘留，可以并处 5000 元以下罚款；②情节较轻的，处 5 日以下拘留或者 1000 元以下罚款。（2）本条第 2 款规定了对在公共场所拉客嫖娼行为的处罚，只有一档：处 5 日以下拘留或者 1000 元以下罚款。本条第 2 款规定的行为要件包括：①在公共场所实施。②卖淫人员有拉客招嫖的行为。③拉客招嫖必须是卖淫人员自己招引嫖客的行为，以区别于那些通过他人介绍而卖淫的行为。

第七十九条　引诱、容留、介绍他人卖淫的行为和处罚

沿革　本条第1款对应旧法第67条，罚款金额提高。

延伸
《刑法》第259条
《治安管理处罚法》第77条
《违反公安行政管理行为的名称及其适用意见》第154条

行为人故意为他人从事卖淫、嫖娼活动提供场所的行为

行为人为了达到某种目的，以金钱诱惑或者通过宣扬腐朽生活方式等手段，诱使没有卖淫经历的人从事卖淫活动的行为

第七十九条　引诱、容留、介绍他人卖淫的，处十日以上十五日以下拘留，可以并处五千元以下罚款；情节较轻的，处五日以下拘留或者一千元以上二千元以下罚款。

为卖淫人员介绍嫖客，在他们之间牵线搭桥的行为

区别于本法第78条

可以选择是否同时处罚

解读　本条规定了对引诱、容留、介绍他人卖淫行为的处罚。处罚分两档：（1）一般情节，处10~15日拘留，可以并处5000元以下罚款；（2）情节较轻的，处5日以下拘留或者1000~2000元罚款。

第八十条　制作、运输、复制、出售、出租淫秽物品及传播淫秽信息的行为和处罚

沿革 本条第1款对应旧法第68条，罚款金额提高。第2款为新增内容。

解读 （1）本条第1款规定了对制作、运输、复制、出售、出租淫秽物品及传播淫秽信息行为的处罚，分两档：①一般情节，处10~15日拘留，可以并处5000元以下罚款；②情节较轻的，处5日以下拘留或者1000~3000元罚款。具体情节包括：①制作、运输、复制、出售、出租淫秽的书刊、图片、影片、音像制品等淫秽物品；②利用信息网络、电话以及其他通讯工具传播淫秽信息。（2）本条第2款规定，淫秽物品或者淫秽信息中涉及未成年人的，从重处罚，即在本条第1款规定的处罚幅度内从重处罚。本条第2款的新增规定体现了对于未成年人的保护。另外，公安机关在办理治安案件时所查获的淫秽物品，根据本法第11条的规定，应当一律收缴，并按照中共中央、国务院的有关规定，在上级部门的监督下销毁。

延伸《刑法》第363、364、366、367条《违反公安行政管理行为的名称及其适用意见》第155、156条

> 第八十条　制作、运输、复制、出售、出租淫秽的书刊、图片、影片、音像制品等淫秽物品或者利用信息网络、电话以及其他通讯工具传播淫秽信息的，处十日以上十五日以下拘留，可以并处五千元以下罚款；情节较轻的，处五日以下拘留或者一千元以上三千元以下罚款。
>
> 前款规定的淫秽物品或者淫秽信息中涉及未成年人的，从重处罚。

- 通过翻印、翻拍、复印、复写、复录等方式对已有的淫秽物品等进行重复制作的行为
- 通过各种交通运输工具输送淫秽物品的行为
- 通过收取一定费用或好处的方法，将淫秽物品暂时给他人使用的行为
- 具体描绘性行为或者露骨宣扬色情的诲淫性的书刊、影片、录像带、录音带、图片及其他淫秽物品。有关人体生理、医学知识的科学著作不是淫秽物品。包含色情内容的有艺术价值的文学、艺术作品不视为淫秽物品
- 通过文字、图片、音频、视频等方式致使淫秽信息流传的行为

- 生产、录制、编写、译著、绘画、印刷、刻制、摄制、洗印等行为
- 将淫秽物品通过批发、零售的方式销售给他人的行为
- 包括互联网，也包括局域网、远程网等网络
- 在整体上宣扬淫秽行为，挑动人们性欲、导致他人腐化、堕落，而又没有艺术或科学价值的文字、图片、音频、视频等信息内容
- 可以选择是否同时处罚

第八十一条　其他淫秽活动的行为和处罚

沿革 本条第1款、第2款对应旧法第69条，罚款金额提高。第3款为新增内容。

延伸 《刑法》第301、364、365条　《违反公安行政管理行为的名称及其适用意见》第157~161条

解读（1）本条第1款规定了对从事其他淫秽活动行为的处罚，处10~15日拘留，应当并处1000~5000元罚款。具体情节包括：①组织播放淫秽音像的行为。参与观看不构成违法。②组织他人当众进行淫秽性的表演；亲自参与进行淫秽性的表演。③参与聚众淫乱的行为。本项针对的是参与者，组织者则可能构成聚众淫乱罪。（2）本条第2款规定，明知他人从事前款活动，故意为其提供条件的帮助行为，也构成违法。（3）本条第3款规定，组织未成年人从事第1款活动的组织者从重处罚，即在本条第1款规定的处罚幅度内从重处罚。本条第3款的新增规定体现了对于未成年人的保护。

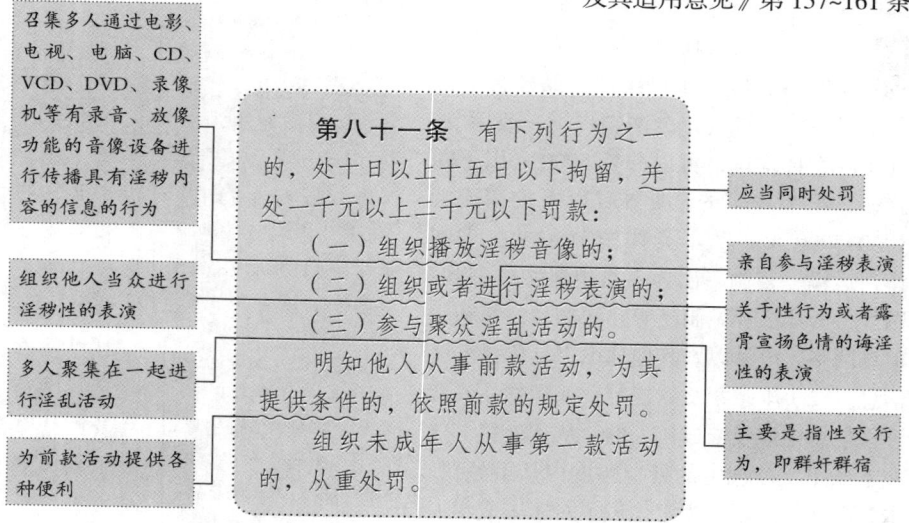

- 召集多人通过电影、电视、电脑、CD、VCD、DVD、录像机等有录音、放像功能的音像设备进行传播具有淫秽内容的信息的行为
- 组织他人当众进行淫秽性的表演
- 多人聚集在一起进行淫乱活动
- 为前款活动提供各种便利

第八十一条　有下列行为之一的，处十日以上十五日以下拘留，并处一千元以上二千元以下罚款：
（一）组织播放淫秽音像的；
（二）组织或者进行淫秽表演的；
（三）参与聚众淫乱活动的。
明知他人从事前款活动，为其提供条件的，依照前款的规定处罚。
组织未成年人从事第一款活动的，从重处罚。

- 应当同时处罚
- 亲自参与淫秽表演
- 关于性行为或者露骨宣扬色情的诲淫性的表演
- 主要是指性交行为，即群奸群宿

第八十二条　为赌博提供条件和赌博的行为和处罚

沿革 本条对应旧法第 70 条，罚款金额提高。

延伸 《刑法》第 303 条
《治安管理处罚法》第 11 条
《违反公安行政管理行为的名称及其适用意见》第 162、163 条

- 行为人实施的为赌博提供条件的行为，是出于获取金钱或财物等好处的目的
- 以获取金钱或其他物质利益为目的，以投入一定赌资为条件进行的输赢活动
- 专门用于赌博的款物，即金钱或财物
- 应当同时处罚
- 为赌博提供赌场、赌具，帮助招揽他人参与赌博等行为

第八十二条 以营利为目的，为赌博提供条件的，或者参与赌博赌资较大的，处五日以下拘留或者一千元以下罚款；情节严重的，处十日以上十五日以下拘留，并处一千元以上五千元以下罚款。

解读 本条规定了对为赌博提供条件和赌博行为的处罚，分为两档：（1）一般情节，处 5 日以下拘留或者 1000 元以下罚款；（2）情节严重的，处 10~15 日拘留，并处 1000~5000 元罚款。具体违法情节包括：（1）对于赌博活动的经营者：①必须以营利为目的；②实施了为赌博提供条件的行为。（2）对于赌博活动的参与者：①实施了参与赌博的行为；②赌资较大。对于赌博所用的赌具，公安机关在办理治安管理处罚案件时查获的赌具应一律收缴，并按照有关规定一律集中予以销毁。

图表

本条违法行为与赌博罪的对比

项目	本条违法行为	赌博罪
行为目的	以营利为目的	以营利为目的
客观行为	为赌博提供条件	聚众赌博
	参与赌博赌资较大	以赌博为业

第八十三条　违反毒品原植物管理规定的行为和处罚

沿革 本条对应旧法第 71 条，罚款金额提高。

延伸 《刑法》第 351、352 条　《违反公安行政管理行为的名称及其适用意见》第 164~166 条

解读（1）本条第 1 款规定了对违反毒品原植物管理规定的行为的处罚，分为两档：①一般情节，处 10~15 日拘留，可以并处 5000 元以下罚款；②情节较轻的，处 5 日以下拘留或者 1000 元以下罚款。具体违法情节包括：①非法种植罂粟不满 500 株或者其他少量毒品原植物的行为。如果种植数量较大或者有其他情节，可能构成非法种植毒品原植物罪。②非法买卖、运输、携带、持有少量未经灭活的毒品原植物种子或者幼苗的行为。如果数量较大，可能构成非法买卖、运输、携带、持有毒品原植物种子、幼苗罪。③非法运输、买卖、储存、使用少量罂粟壳的行为。

（2）本条第 2 款规定，非法种植罂粟等毒品原植物或者其他少量毒品原植物，在成熟前自行铲除的，不予处罚。

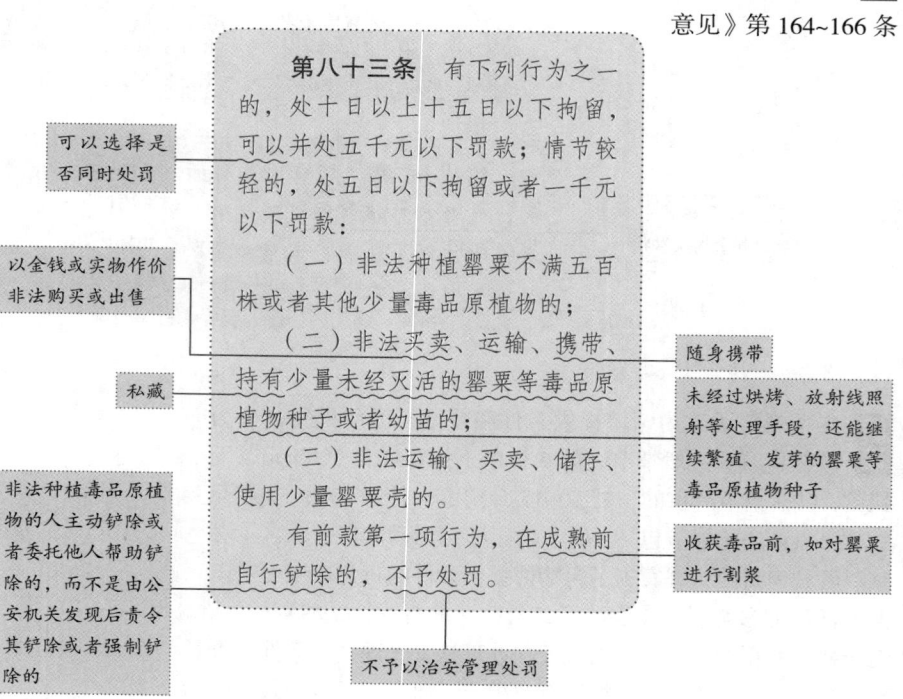

> **第八十三条**　有下列行为之一的，处十日以上十五日以下拘留，可以并处五千元以下罚款；情节较轻的，处五日以下拘留或者一千元以下罚款：
> （一）非法种植罂粟不满五百株或者其他少量毒品原植物的；
> （二）非法买卖、运输、携带、持有少量未经灭活的罂粟等毒品原植物种子或者幼苗的；
> （三）非法运输、买卖、储存、使用少量罂粟壳的。
> 有前款第一项行为，在成熟前自行铲除的，不予处罚。

- 可以选择是否同时处罚
- 以金钱或实物作价非法购买或出售
- 私藏
- 非法种植毒品原植物的人主动铲除或者委托他人帮助铲除，而不是由公安机关发现后责令其铲除或者强制铲除的
- 随身携带
- 未经过烘烤、放射线照射等处理手段，还能继续繁殖、发芽的罂粟等毒品原植物种子
- 收获毒品前，如对罂粟进行割浆
- 不予以治安管理处罚

第八十四条　非法持有、向他人提供以及吸食、注射毒品的行为和处罚

沿革　本条第1款对应旧法第72条，第2款、第3款为新增内容。

延伸　《刑法》第348条　《违反公安行政管理行为的名称及其适用意见》第167~170条

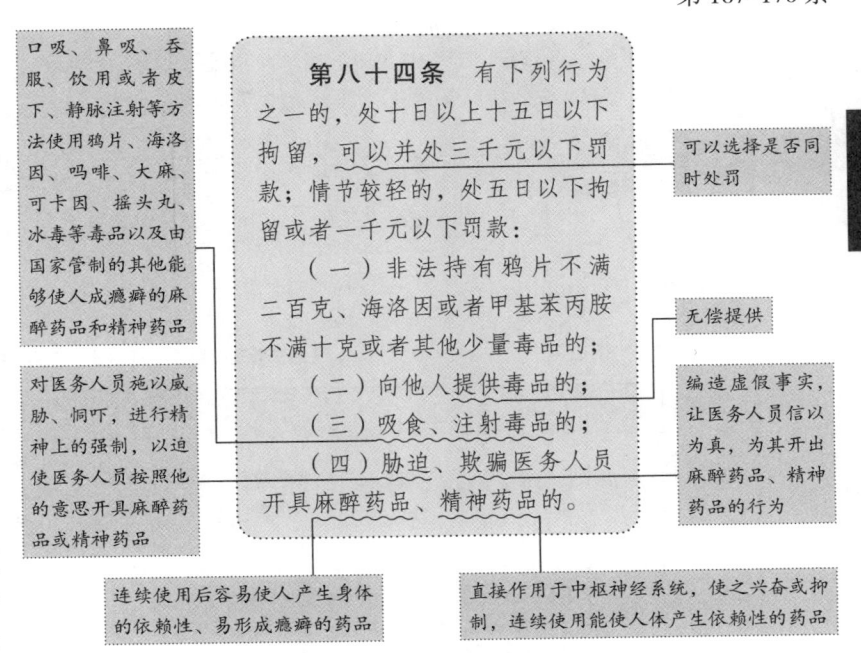

解读　（1）本条第1款规定了对非法持有、向他人提供以及吸食、注射毒品行为的处罚，分为两档：①一般情节，处10~15日拘留，可以并处3000元以下罚款；②情节较轻的，处5日以下拘留或者1000元以下罚款。具体违法情节包括：①非法持有毒品的行为。②向他人无偿提供毒品的行为。如提供毒品的同时收取钱财，属于贩卖毒品。③吸食、注射毒品的行为。④胁迫、欺骗医务人员开具麻醉药品、精神药品的行为。（2）本条第2款规定，聚众、组织吸食、注射毒品的，对首要分子、组织者依照前款的规定从重处罚，即在本条第1款规定的处罚幅度内从重处罚。（3）本条第3款规定，对于吸食、注射毒品的，可以采取禁令：①禁令的内容：责令其6个月至1年以内不得进入娱乐场所；不得擅自接触涉及毒品违法犯罪人员。②违反禁令之后的处罚：处5日以下拘留或者1000元以下罚款。

第八十四条　有下列行为之一的，处十日以上十五日以下拘留，可以并处三千元以下罚款；情节较轻的，处五日以下拘留或者一千元以下罚款：

（一）非法持有鸦片不满二百克、海洛因或者甲基苯丙胺不满十克或者其他少量毒品的；

（二）向他人提供毒品的；

（三）吸食、注射毒品的；

（四）胁迫、欺骗医务人员开具麻醉药品、精神药品的。

- 口吸、鼻吸、吞服、饮用或者皮下、静脉注射等方法使用鸦片、海洛因、吗啡、大麻、可卡因、摇头丸、冰毒等毒品以及由国家管制的其他能够使人成瘾癖的麻醉药品和精神药品
- 对医务人员施以威胁、恫吓，进行精神上的强制，以迫使医务人员按照他的意思开具麻醉药品或精神药品
- 可以选择是否同时处罚
- 无偿提供
- 编造虚假事实，让医务人员信以为真，为其开出麻醉药品、精神药品的行为
- 连续使用后容易使人产生身体的依赖性、易形成瘾癖的药品
- 直接作用于中枢神经系统，使之兴奋或抑制，连续使用能使人体产生依赖性的药品

第八十四条 非法持有、向他人提供以及吸食、注射毒品的行为和处罚（续）

组织他人一起进行吸食、注射毒品活动

多人聚集在一起进行吸食、注射毒品活动

可以选择是否同时作出禁令

> 聚众、组织吸食、注射毒品的，对首要分子、组织者依照前款的规定从重处罚。
>
> 吸食、注射毒品的，可以同时责令其六个月至一年以内不得进入娱乐场所、不得擅自接触涉及毒品违法犯罪人员。违反规定的，处五日以下拘留或者一千元以下罚款。

包括违法人员和犯罪人员

《治安管理处罚法》规定的与毒品有关的违法行为和处罚

项目	第83条	第84条	第85条	第86条
行为	违反毒品原植物管理规定	非法持有、向他人提供以及吸食、注射毒品等	引诱、教唆、欺骗或者强迫他人吸食、注射毒品，容留他人吸食、注射毒品或者介绍买卖毒品	非法生产、经营、购买、运输制毒物品
处罚	10~15日拘留，可以并处5000元以下罚款；情节较轻的，处5日以下拘留或者1000元以下罚款	10~15日拘留，可以并处3000元以下罚款；情节较轻的，处5日以下拘留或者1000元以下罚款	10~15日拘留，并处1000~5000元罚款	10~15日拘留；情节较轻的，5~10日拘留

第八十五条　引诱、教唆、欺骗或者强迫他人吸食、注射毒品，容留他人吸食、注射毒品或者介绍买卖毒品的行为和处罚

沿革 本条第1款对应旧法第73条，部分情节调整，罚款金额提高。第2款为新增内容。

延伸 《刑法》第353、354条　《违反公安行政管理行为的名称及其适用意见》第171、662、663条

- 通过向他人宣传吸毒后的感受和体验，示范吸毒的方法，或者对他人进行蛊惑，从而促使他人吸食、注射毒品的行为
- 口吸、鼻吸、吞服、饮用或者皮下、静脉注射等方法使用鸦片、海洛因、吗啡、大麻、可卡因、摇头丸、冰毒等毒品以及由国家管制的其他能够使人成瘾癖的麻醉药品和精神药品
- 行为人故意为他人吸食、注射毒品提供场所的行为
- 在他人不知道的情况下，给他人吸食、注射毒品的行为
- 违背他人的意愿，以暴力、胁迫或者其他手段，迫使他人吸食、注射毒品的行为
- 应当同时处罚
- 而非应当

第八十五条　引诱、教唆、欺骗或者强迫他人吸食、注射毒品的，处十日以上十五日以下拘留，并处一千元以上五千元以下罚款。

容留他人吸食、注射毒品或者介绍买卖毒品的，处十日以上十五日以下拘留，可以并处三千元以下罚款；情节较轻的，处五日以下拘留或者一千元以下罚款。

解读（1）本条第1款规定了对引诱、教唆、欺骗或者强迫他人吸食、注射毒品的行为的处罚：处10~15日拘留，并处1000~5000元罚款。（2）本条第2款规定了对容留他人吸食、注射毒品或者介绍买卖毒品的行为的处罚：①一般情节，处10~15日拘留，并处可以并处3000元以下罚款；②情节较轻的，处5日以下拘留或者1000元以下罚款。

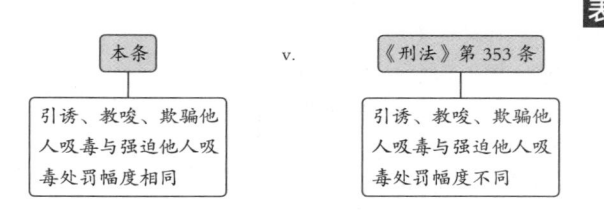

图表

本条	v.	《刑法》第353条
引诱、教唆、欺骗他人吸毒与强迫他人吸毒处罚幅度相同		引诱、教唆、欺骗他人吸毒与强迫他人吸毒处罚幅度不同

本条与《刑法》第353条对比

第八十六条　非法生产、经营、购买、运输制毒物品的行为和处罚

沿革 本条为新增内容。

延伸 《刑法》第350条

> 第八十六条　违反国家规定，非法生产、经营、购买、运输用于制造毒品的原料、配剂的，处十日以上十五日以下拘留；情节较轻的，处五日以上十日以下拘留。

- 除依照国家规定，经过法定审批手续之外的情况
- 提炼、分解毒品使用的原材料及辅助性配料
- 包括制造、加工、提炼等不同环节

解读 本条规定了对非法生产、经营、购买、运输制毒物品行为，处10~15日拘留；情节较轻的，处5~10日拘留。构成要件包括：（1）违反国家有关规定。如果是符合国家有关规定并经过法定审批手续，则不构成违法。（2）实施了非法生产、经营、购买、运输用于制造毒品的原料、配剂的行为。（3）行为人的违法情节没有达到"较重"的程度，否则构成非法生产、买卖、运输制毒物品罪。

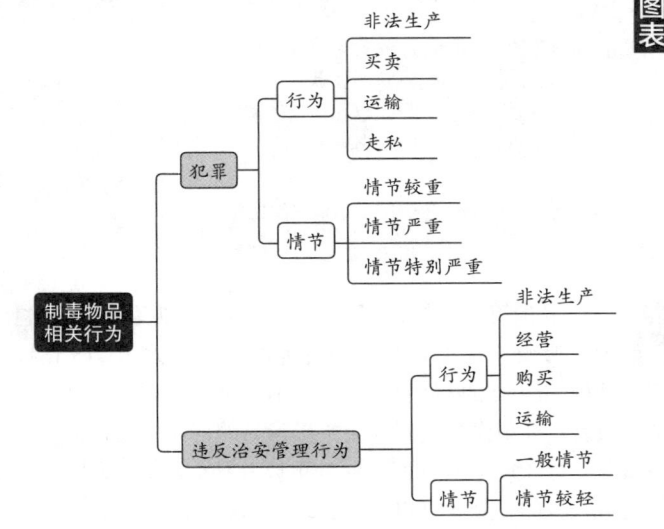

图表

制毒物品相关行为
- 犯罪
  - 行为：非法生产／买卖／运输／走私
  - 情节：情节较重／情节严重／情节特别严重
- 违反治安管理行为
  - 行为：非法生产／经营／购买／运输
  - 情节：一般情节／情节较轻

第八十七条　为违法犯罪行为人通风报信或提供条件的行为和处罚

沿革 本条对应旧法第 74 条，增加部分情节，罚款金额提高，增加一档处罚幅度。

延伸 《刑法》第 362 条　《治安管理处罚法》第 18 条　《违反公安行政管理行为的名称及其适用意见》第 164~166 条

> **第八十七条**　旅馆业、饮食服务业、文化娱乐业、出租汽车业等单位的人员，在公安机关查处吸毒、赌博、卖淫、嫖娼活动时，为违法犯罪行为人通风报信的，或者以其他方式为上述活动提供条件的，处十日以上十五日以下拘留；情节较轻的，处五日以下拘留或者一千元以上二千元以下罚款。

在公安机关依法查处吸毒、赌博、卖淫、嫖娼违法活动时，将行动的时间、方式等情况告知吸毒、赌博、卖淫、嫖娼的违法犯罪分子

解读 本条为对旅馆业、饮食服务业、文化娱乐业、出租汽车业等单位的人员为违法犯罪行为人通风报信或提供条件行为的处罚，处罚分为两档：(1) 一般情节，处 10~15 日拘留；(2) 情节较轻的，处 5 日以下拘留或者 1000~2000 元罚款。本条违法行为的要件包括：(1) 违法主体必须为旅馆业、饮食服务业、文化娱乐业、出租汽车业等单位的人员。(2) 必须是针对吸毒、赌博、卖淫、嫖娼活动的通风报信或者提供条件的行为。

第八十八条 产生社会生活噪声的行为和处罚

沿革 本条对应旧法第58条,情节变化较多,增加一档处罚幅度。

人为活动所产生的除工业噪声、建筑施工噪声和交通运输噪声之外的干扰周围生活环境的声音

延伸图表
《民法典》第286条
《违反公安行政管理行为的名称及其适用意见》第129条

> **第八十八条** 违反关于社会生活噪声污染防治的法律法规规定,产生社会生活噪声,经基层群众性自治组织、业主委员会、物业服务人、有关部门依法劝阻、调解和处理未能制止,继续干扰他人正常生活、工作和学习的,处五日以下拘留或者一千元以下罚款;情节严重的,处五日以上十日以下拘留,可以并处一千元以下罚款。

- 居民委员会或者村民委员会
- 不限于公安机关
- 包括物业服务企业和其他管理人
- 应当同时予以处罚

环境噪声限值

区域	时段限值／分贝	
	6:00~22:00	22:00~次日6:00
康复疗养区等特别需要安静的区域	50	40
以居民住宅、医疗卫生、文化教育、科研设计、行政办公为主要功能,需要保持安静的区域	55	45
以商业金融、集市贸易为主要功能,或者居住、商业、工业混杂,需要维护住宅安静的区域	60	50
以工业生产、仓储物流为主要功能,需要防止工业噪声对周围环境产生严重影响的区域	65	55
为高速公路、一级公路、二级公路、城市快速路、城市主干路、城市次干路、城市轨道交通(地面段)、内河航道两侧区域	70	55
铁路干线两侧区域	70	60

解读 本条规定了对产生社会生活噪声行为的处罚,分为两档:(1)一般情节,处5日以下拘留或者1000元以下罚款;(2)情节严重的,处5~10日拘留,可以并处1000元以下罚款。本条违法行为的要件如下:(1)必须是违反关于社会生活噪声污染防治的法律法规的规定,产生社会生活噪声;如果没有达到噪声标准,则不构成违法。(2)必须经基层群众性自治组织、业主委员会、物业服务人、有关部门依法劝阻、调解和处理。旧法未规定上述前置程序,而是规定先由公安机关"处警告"。(3)依法劝阻、调解和处理未能制止,行为人继续干扰他人正常生活、工作和学习的。旧法的规定为"警告后不改正的"。

第八十九条 饲养动物干扰他人正常生活的行为和处罚

沿革 本条第1款、第4款对应旧法第75条，罚款金额提高。第2款、第3款为新增内容。

延伸 《民法典》第1245~1251条；《违反公安行政管理行为的名称及其适用意见》第173、174条

解读（1）本条第1款规定了对饲养动物干扰他人正常生活行为的处罚及程序：①饲养动物，干扰他人正常生活的，处警告；②警告后不改正的，或者放任动物恐吓他人的，处1000元以下罚款。（2）本条第2款规定了对违法出售、饲养危险动物行为的处罚及程序：①有违反法律、法规、规章出售、饲养危险动物行为的，处警告。②有警告后不改正或者致使动物伤害他人行为的，有两档处罚：一般情节，处5日以下拘留或者1000元以下罚款；情节较重的，处5~10日拘留。（3）本条第3款规定了对未对动物采取安全措施致使动物伤害他人行为的处罚，分两档：①一般情节，处1000元以下罚款；②情节较重的，处5~10日拘留。（4）本条第4款规定，驱使动物伤害他人的，构成故意伤害他人身体，按照本法第51条处罚。

第八十九条 饲养动物，干扰他人正常生活的，处警告；警告后不改正的，或者放任动物恐吓他人的，处一千元以下罚款。

违反有关法律、法规、规章规定，出售、饲养烈性犬等危险动物的，处警告；警告后不改正的，或者致使动物伤害他人的，处五日以下拘留或者一千元以下罚款；情节较重的，处五日以上十日以下拘留。

未对动物采取安全措施，致使动物伤害他人的，处一千元以下罚款；情节较重的，处五日以上十日以下拘留。

驱使动物伤害他人的，依照本法第五十一条的规定处罚。

- 既包括动物养殖场里圈养的动物，也包括公民自家饲养的动物
- 违反圈养或饲养的规定，给他人的正常生活带来一定影响
- 对自己饲养的动物向他人吠叫、袭击等使人惊吓的动作放任不管的
- 饲养动物或牵领动物的人，故意用声音、语言、眼神或动作暗示或指使动物对他人进行攻击的行为

- 所有能够人工饲养的动物
- 由于饲养动物干扰他人正常生活的行为，公安机关对其进行警告后，仍然没有改正的情况
- 关于动物饲养、管理的法律、法规、规章
- 故意伤害他人身体

第四章

处罚程序

第一节 调 查

第九十条 公安机关对治安案件的立案及处理

沿革 本条对应旧法第77、78条。

解读 本条是关于公安机关对治安案件立案的相关规定。本条由旧法第77、78条的规定精简合并而来。相较于旧法有关规定,新法将"受理,并进行登记"改为"立案"。根据本条规定可知,公安机关查处违反治安管理案件的主要来源有以下三种:(1)公民、法人和其他组织的报案、控告、举报;(2)违反治安管理行为人主动投案;(3)其他国家机关移送。对于这些来源的治安案件,公安机关的处理原则是立即立案并进行调查,不论是前述哪种来源,也不论公民、法人和其他组织采用哪种形式进行报案、控告、举报。本条提及的调查,主要是指公安机关为判断行为是否违反治安管理规定,对有关材料进行审查、向有关人员了解情况等。

延伸《公安机关办理行政案件程序规定》第49~65条

> **第九十条** 公安机关对报案、控告、举报或者违反治安管理行为人主动投案,以及其他国家机关移送的违反治安管理案件,应当

- 公民、法人和其他组织发现有违反治安管理事实或者违反治安管理行为人的行为而向公安机关报告,至于违反治安管理行为人是谁,报案人可能并不知道

- 当事人以外的其他知情人在治安案件发生后向公安机关检举、揭发违反治安管理行为人的违法事实或者违反治安管理行为人的行为

- 包括人民法院、人民检察院、市监、税务、海关、检验检疫、环境保护等国家机关

- 治安案件的主要来源和渠道

- 义务性规定

- 被侵害人及其近亲属,对侵犯被侵害人合法权益的违反治安管理行为向公安机关告诉,要求追究侵害人法律责任的行为。一般情况下控告人知道违反治安管理行为人是谁

- 一般情形:(1)行为人在实施违反治安管理行为后、被公安机关发现前投案的;(2)违反治安管理事实虽已被公安机关发现,但违反治安管理行为人尚未被公安机关查明而投案的;(3)违反治安管理事实和违反治安管理行为人均已被公安机关发觉,但违反治安管理行为人尚未受到公安机关传唤、讯问等而投案的

- 投案具体形式不限,包括行为人本人直接向公安机关主动投案,向其所在单位、城乡基层组织或者有关国家机关投案,或者因某些客观因素不能亲自投案,而委托他人代为投案或者采用信件、电话等方式投案

第九十条　公安机关对治安案件的立案及处理（续）

需要调查的案件事实包括：(1) 违法嫌疑人的基本情况；(2) 违法行为是否存在；(3) 违法行为是否为违法嫌疑人实施；(4) 实施违法行为的时间、地点、手段、后果以及其他情节；(5) 违法嫌疑人有无法定从重、从轻、减轻以及不予行政处罚的情形；(6) 与案件有关的其他事实

公安机关将审查意见以书面或口头方式通知报案人、控告人、举报人、投案人；告知的内容是相关情况不属于违反治安管理行为的具体情形

公安机关在告知报案人、控告人、举报人、投案人时，应当将具体情况、法律依据及主要事实根据向报案人、控告人、举报人、投案人予以说明

不得推诿、拖延

立即立案并进行调查；认为不属于违反治安管理行为的，应当告知报案人、控告人、举报人、投案人，并说明理由

治安案件办理过程的开始，即办案程序的起点

指案件涉及的行为不属于法律规定的违反治安管理的行为

具体情形包括，公安机关对有关材料进行初步审查后认为：(1) 案件所涉行为不构成违反治安管理行为，不应受到治安管理处罚的，做撤销案件处理；(2) 虽然案件所涉行为不属于违反治安管理行为，但属于其他违反行政管理秩序的行为的，公安机关可以将案件及时移送其他行政主管部门，也可以告知报案人、控告人、举报人、投案人向其他行政主管部门报案、控告、举报、投案；(3) 案件所涉行为涉嫌犯罪的，公安机关应当将案件移送有管辖权的主管机关，依法追究刑事责任

解读 与旧法相比，按照新法的规定，启动调查程序的条件有所变化：旧法规定，公安机关受理报案、控告、举报、投案后，认为属于违反治安管理行为的，应当立即进行调查；新法规定，公民、法人和其他组织的报案、控告、举报、投案后，公安机关即应当立即立案并进行调查。

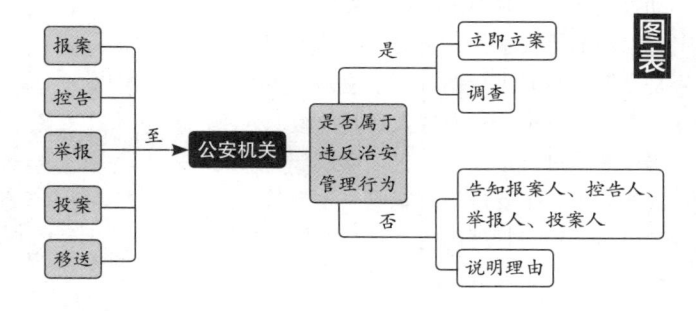

图表

报案 / 控告 / 举报 / 投案 / 移送 → 公安机关 → 是否属于违反治安管理行为

- 是 → 立即立案 / 调查
- 否 → 告知报案人、控告人、举报人、投案人 / 说明理由

第九十一条　严禁以非法手段收集证据

沿革　本条对应旧法第79条。

延伸　《行政处罚法》第47、54、55、57条
《公安机关办理行政案件程序规定》第27条

解读　本条是对公安机关依法调查取证，严禁以非法手段收集证据的规定。调查取证是作出治安管理处罚决定的前提，是办理治安案件过程中的重要环节。办案人员调查时应遵守法律规定，按照合法程序进行。刑讯逼供或者采用威胁、引诱、欺骗等非法手段收集证据极易造成错案，必须严厉禁止；构成犯罪的，应当根据《刑法》有关规定追究刑事责任。根据本条第2款，以刑讯逼供或者采用威胁、引诱、欺骗等非法手段收集证据的结果是证据不得作为处罚的根据。如果仍根据此类证据作出处罚，则该处罚无效。被处罚人可以根据相关规定对此进行行政复议或行政诉讼，寻求救济。

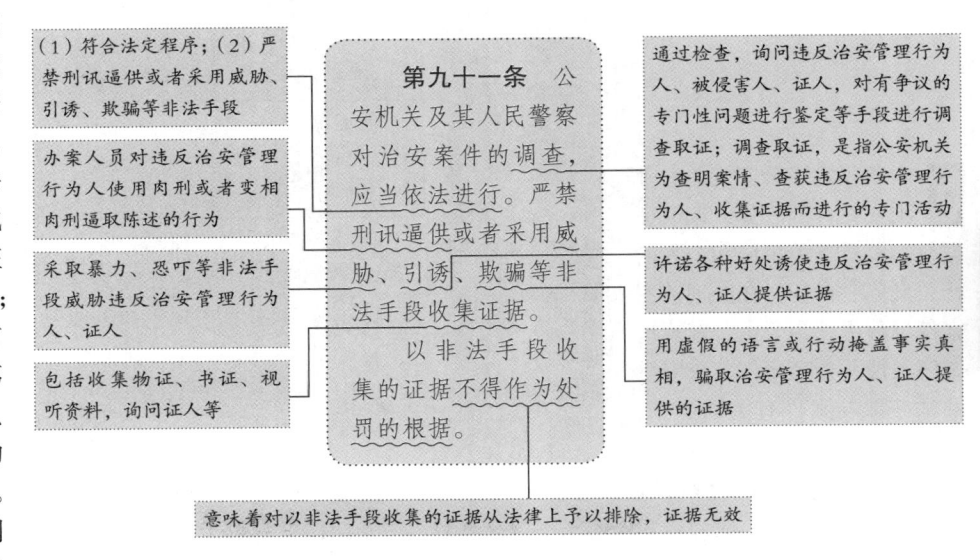

第九十一条　公安机关及其人民警察对治安案件的调查，应当依法进行。严禁刑讯逼供或者采用威胁、引诱、欺骗等非法手段收集证据。

以非法手段收集的证据不得作为处罚的根据。

- （1）符合法定程序；（2）严禁刑讯逼供或者采用威胁、引诱、欺骗等非法手段
- 办案人员对违反治安管理行为人使用肉刑或者变相肉刑逼取陈述的行为
- 采取暴力、恐吓等非法手段威胁违反治安管理行为人、证人
- 包括收集物证、书证、视听资料，询问证人等

- 通过检查，询问违反治安管理行为人、被侵害人、证人，对有争议的专门性问题进行鉴定等手段进行调查取证；调查取证，是指公安机关为查明案情、查获违反治安管理行为人、收集证据而进行的专门活动
- 许诺各种好处诱使违反治安管理行为人、证人提供证据
- 用虚假的语言或行动掩盖事实真相，骗取治安管理行为人、证人提供的证据

意味着对以非法手段收集的证据从法律上予以排除，证据无效

第九十二条 公安机关收集、调取证据权，以及有关单位和个人的相关义务、责任

沿革 本条为新增内容。

解读 本条规定了公安机关办理治安案件的收集、调取证据权，以及有关单位和个人的相关义务、责任。在办理治安案件过程中，为公正、客观地了解案情并处理案件，公安机关须获取与案件有关的证据，故法律赋予公安机关收集、调取证据权。公安机关行使收集、调取证据权时，应当告知有关单位和个人其对此有如实提供证据的义务，以及相关法律责任。

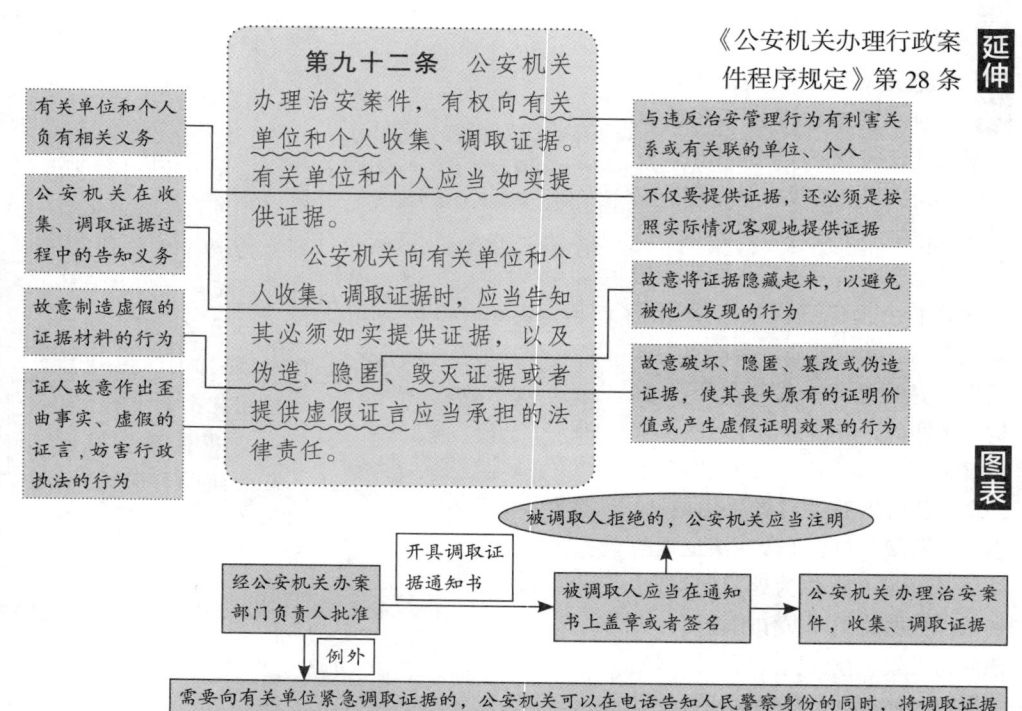

图表

> 第九十二条 公安机关办理治安案件，有权向有关单位和个人收集、调取证据。有关单位和个人应当如实提供证据。
> 公安机关向有关单位和个人收集、调取证据时，应当告知其必须如实提供证据，以及伪造、隐匿、毁灭证据或者提供虚假证言应当承担的法律责任。

- 有关单位和个人负有相关义务
- 公安机关在收集、调取证据过程中的告知义务
- 故意制造虚假的证据材料的行为
- 证人故意作出歪曲事实、虚假的证言，妨害行政执法的行为

延伸《公安机关办理行政案件程序规定》第28条

- 与违反治安管理行为有利害关系或有关联的单位、个人
- 不仅要提供证据，还必须是按照实际情况客观地提供证据
- 故意将证据隐藏起来，以避免被他人发现的行为
- 故意破坏、隐匿、篡改或伪造证据，使其丧失原有的证明价值或产生虚假证明效果的行为

经公安机关办案部门负责人批准 → 开具调取证据通知书 → 被调取人应当在通知书上盖章或者签名 → 公安机关办理治安案件，收集、调取证据

（被调取人拒绝的，公安机关应当注明）

例外：需要向有关单位紧急调取证据的，公安机关可以在电话告知人民警察身份的同时，将调取证据通知书连同办案人民警察的人民警察证复印件通过传真、互联网通讯工具等方式送达有关单位

第九十三条　办理刑事案件过程中以及其他执法办案机关在移送案件前依法收集的证据材料

沿革 本条为新增内容。

延伸 《公安机关办理行政案件程序规定》第33条

> 包括刑事案件侦查、审查起诉、审判阶段等各流程

> 依据法律、法规、规章的规定，对违法行为具有行政处罚权的行政机关，如税务局、环保局、市场监督管理局等，以及各级监察委员会，包括国家监察委员会和地方各级监察委员会

第九十三条　在办理刑事案件过程中以及其他执法办案机关在移送案件前依法收集的物证、书证、视听资料、电子数据等证据材料，可以作为治安案件的证据使用。

解读 本条是其他执法办案机关在移送案件前依法收集的物证、书证、视听资料、电子数据等证据材料是否可以作为治安案件的证据使用的有关规定。根据本条的规定，在办理刑事案件过程中以及其他执法办案机关在移送案件前依法收集的证据材料，可以作为治安案件的证据使用。

图表　第4章　90~130

公安机关办理治安案件的证据类型：
- 物证
- 书证
- 被侵害人陈述和其他证人证言
- 违法嫌疑人的陈述和申辩
- 鉴定意见
- 勘验、检查、辨认笔录，现场笔录
- 视听资料、电子数据

第九十四条　公安机关及其人民警察在办理治安案件时的保密义务

沿革 本条对应旧法第80条。

延伸
《民法典》第111、1032、1034、1039条
《保守国家秘密法》第2、5、13条
《反不正当竞争法》第9条第4款
《公安机关办理行政案件程序规定》第8条

> 关系国家的安全和利益，依照法定程序确定，在一定时间内只限一定范围的人员知悉的事项。国家秘密包括符合上述规定的下列秘密事项：国家事务重大决策中的秘密事项；国防建设和武装力量活动中的秘密事项；外交和外事活动中的秘密事项以及对外承担保密义务的事项；国民经济和社会发展中的秘密事项；科学技术中的秘密事项；维护国家安全活动和追查刑事犯罪中的秘密事项；其他经国家保密工作部门确定应当保守的国家秘密事项

> 第九十四条　公安机关及其人民警察在办理治安案件时，对涉及的国家秘密、商业秘密、个人隐私或者个人信息，应当予以保密。

> 不为公众所知悉，能为权利人带来经济利益，具有实用性并经权利人采取保密措施的技术信息和经营信息

> 公民个人不愿意公开的、与其人身权密切相关的、隐秘的事件或者事实

> 以电子或者其他方式记录的能够单独或者与其他信息结合识别特定自然人的各种信息，包括自然人的姓名、出生日期、身份证件号码、生物识别信息、住址、电话号码、电子邮箱、健康信息、行踪信息等

解读 本条是公安机关及其人民警察在办理治安案件时的保密义务的规定。本条提及的几类信息的泄露都会对国家、单位或个人造成不利影响，因此公安机关及其人民警察对于在办理治安案件时涉及的国家秘密、商业秘密、个人隐私或者个人信息，都负有保密的义务，不得违反规定泄露。

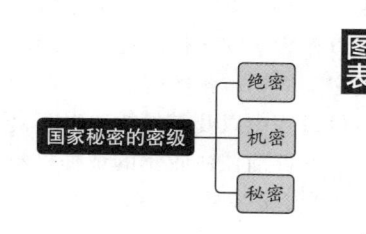

图表

国家秘密的密级
- 绝密
- 机密
- 秘密

第九十五条　人民警察在办理治安案件过程中的回避

沿革　本条对应旧法第 81 条。

解读　本条是关于人民警察在办理治安案件过程中回避的规定。为了保证办理治安案件的公正性、合法性，避免办案人员徇私枉法，保障当事人合法权益，回避制度是非常有必要的。（1）本条第 1 款具体规定了人民警察在办理治安案件过程中应当回避的情形。适用过程中应注意对第 1 款列举的 3 种情况的理解：第 1 项和第 3 项对应的是办理案件的人民警察本人的情况，而第 2 项对应的是办理案件的人民警察本人或者其近亲属的情况。此处的回避包括两种：人民警察主动回避，以及违反治安管理行为人、被侵害人或者其法定代理人要求人民警察回避。（2）本条第 2 款规定了回避的决定程序：人民警察的回避，由其所属的公安机关决定；公安机关负责人的回避，由上一级公安机关决定。

延伸　《民法典》第 23 条　《治安管理处罚法》第 139 条　《公安机关办理行政案件程序规定》第 17~25 条

图表

> 仅指被侵害人的法定代理人。无民事行为能力人、限制民事行为能力人的监护人是其法定代理人

> 此种情况指办理治安案件的人民警察本人是治安案件的一方当事人（主要是指违反治安管理行为人或被侵害人等）

> 此种情况指办理治安案件的人民警察或者其近亲属，虽然不是本案一方当事人或者当事人的近亲属，但是本案的处理结果与其有利害关系

> 此种情况指办理治安案件的人民警察是一方当事人的配偶、子女、父母、兄弟姐妹等近亲属

> 此种情况指办理治安案件的人民警察与本案当事人有除利害关系外的其他关系（如朋友关系、同事关系、有恩怨的关系），可能对案件的处理结果有影响，导致结果不公正的情况

第九十五条　人民警察在办理治安案件过程中，遇有下列情形之一的，应当回避；违反治安管理行为人、被侵害人或者其法定代理人也有权要求他们回避：

（一）是本案当事人或者当事人的近亲属的；

（二）本人或者其近亲属与本案有利害关系的；

（三）与本案当事人有其他关系，可能影响案件公正处理的。

人民警察的回避，由其所属的公安机关决定；公安机关负责人的回避，由上一级公安机关决定。

出现办案的人民警察应当回避的情况：
- 办案的人民警察主动回避
- 违反治安管理行为人、被侵害人或者其法定代理人要求人民警察回避

申请回避权利的行使与办案人民警察主动回避是平行程序，不互为前提

第九十六条　传唤与强制传唤

沿革 本条对应旧法第 82 条。

延伸 《公安机关办理行政案件程序规定》第 66~69 条；《公安机关执行〈中华人民共和国治安管理处罚法〉有关问题的解释》"八、关于询问查证时间问题"

解读 本条是关于传唤与强制传唤违反治安管理行为人的规定。传唤即公安机关在查处违反治安管理案件时，对不能在现场进行询问、查证的情况，需要通知违反治安管理行为人在规定的时间接受公安机关的询问和查证。（1）本条第 1 款规定的是传唤的一般情况，传唤的前提是为了办案确有需要将违反治安管理行为人传唤接受调查。经公安机关办案部门负责人批准，使用传唤证传唤是必经程序，但不排除现场发现违反治安管理的行为，办完传唤证再来现场传唤不现实或不合适的情况，因此本款规定了可以口头传唤的例外情况，体现了效率原则；口头传唤的，应当在询问笔录中注明。（2）本条第 2 款是公安机关将传唤的原因和依据告知被传唤人的义务，以及强制传唤的相关规定。新法对强制传唤的规定，增加了"经公安机关办案部门负责人批准"这一程序，与第 1 款传唤的程序保持一致。

第九十六条 需要传唤违反治安管理行为人接受调查的，经公安机关办案部门负责人批准，使用传唤证传唤。对现场发现的违反治安管理行为人，人民警察经出示人民警察证，可以口头传唤，但应当在询问笔录中注明。

公安机关应当将传唤的原因和依据告知被传唤人。对无正当理由不接受传唤或者逃避传唤的人，经公安机关办案部门负责人批准，可以强制传唤。

- 具体负责办理治安案件的部门的负责人（如公安局治安科的负责人、派出所所长等）
- 可以传唤至公安机关或者街道居委会、村委会、单位治安保卫部门等地方接受公安机关调查
- 这是传唤的必经程序
- 公安机关向被传唤人出示的正式书面传唤通知书
- 此程序为此次修订新增内容

人民警察可以采取强制传唤的方法将无正当理由不接受传唤或者逃避传唤的人带至公安机关或者街道居委会、村委会、单位治安保卫部门等地方接受公安机关的调查和询问，可以依法使用手铐、警绳等约束性警械

图表

| 传唤证相关规定 | 原则 → | 传唤违反治安管理行为人接受调查的，使用传唤证 程序性条件 | 例外 → | 对现场发现的违反治安管理行为人，人民警察经出示人民警察证，可以口头传唤 程序性条件 应当在询问笔录中注明 |

违法嫌疑人被传唤到案后和询问查证结束后，应当由其在传唤证上填写到案和离开时间并签名

拒绝填写或者签名的 → 办案人民警察应当在传唤证上注明

第九十七条　传唤后的询问查证

沿革 本条对应旧法第 83 条，第 1 款增加了部分规定，第 3 款为新增内容。

延伸 《公安机关办理行政案件程序规定》第 70~72 条
《公安机关执行〈中华人民共和国治安管理处罚法〉有关问题的解释》"八、关于询问查证时间问题"

解读 本条涉及传唤后的询问期限、通知义务及询问查证期间的相关规定。（1）本条第 1 款是关于传唤后询问期限的规定。由于传唤要求被传唤人到指定的地点接受询问，实际上限制了公民的人身自由，故须对询问期限进行严格规定，避免侵犯被传唤人合法权利。本款对传唤期限的一般情况及特殊情况进行了不同规定。基于违反治安管理行为的社会危害性，本条规定一般期限为 8 小时。本次修订新增一档，即"涉案人数众多、违反治安管理行为人身份不明的，询问查证的时间不得超过 12 小时"。对于"情况复杂"，且"依照本法规定可能适用行政拘留处罚"的案件，询问查证的时间不得超过 24 小时。在执法办案场所询问违反治安管理行为人，应当全程同步录音录像。（2）本条第 2 款规定，公安机关应当及时将传唤的原因和处所通知被传唤人家属。传唤在一定时间内限制了被传唤人的人身自由，应当让其家属知道被传唤人的具体情况。

> **第九十七条**　对违反治安管理行为人，公安机关传唤后应当及时询问查证，询问查证的时间不得超过八小时；涉案人数众多、违反治安管理行为人身份不明的，询问查证的时间不得超过十二小时；情况复杂，依照本法规定可能适用行政拘留处罚的，询问查证的时间不得超过二十四小时。在执法办案场所询问违反治安管理行为人，应当全程同步录音录像。
>
> 公安机关应当及时将传唤的原因和处所通知被传唤人家属。

- 起算时间通常为被传唤人到达指定的地点以后，公安机关应当在传唤证上记载的其到达的时间

- 涉案人数众多、违反治安管理行为人身份不明的情况下，可能在分别询问过程中需要核对信息或查明违反治安管理行为人身份信息，8 小时内可能无法完成询问查证，故本法规定询问期限可超过 8 小时，但不得超过 12 小时

- 公安机关和人民警察主观因素以外的原因，导致在前述规定时间内无法结束询问的情况

- 《治安管理处罚法》第三章对行为人实施的违反治安管理行为设定了行政拘留处罚，且根据其行为的性质和情节轻重，可能依法对违反治安管理行为人决定予以行政拘留的案件

- 通知形式不限，可以是书面通知，也可以是电话通知等

第九十七条　传唤后的询问查证（续）

> 询问查证期间，公安机关应当保证违反治安管理行为人的饮食、必要的休息时间等正当需求。

解读（3）作为新增条款，第3款规定询问查证期间应当满足被传唤人基本的生活需求，即保证饮食、必要的休息时间等正当需求。

图表

项目	治安案件	刑事案件
期限	对违反治安管理行为人，公安机关传唤后应当及时询问查证，询问查证的时间不得超过8小时；涉案人数众多、违反治安管理行为人身份不明的，询问查证的时间不得超过12小时；情况复杂，依照本法规定可能适用行政拘留处罚的，询问查证的时间不得超过24小时	公安机关对被拘留的人，应当在拘留后的24小时内进行讯问。传唤、拘传持续的时间不得超过12小时；案情特别重大、复杂，需要采取拘留、逮捕措施的，传唤、拘传持续的时间不得超过24小时
是否录音录像	在执法办案场所询问违反治安管理行为人，应当全程同步录音录像	可以对讯问过程进行录音或者录像；对于可能判处无期徒刑、死刑的案件或者其他重大犯罪案件，应当对讯问过程进行录音或者录像
是否保证饮食、必要的休息时间	询问查证期间，公安机关应当保证违反治安管理行为人的饮食和必要的休息时间	传唤、拘传犯罪嫌疑人，应当保证犯罪嫌疑人的饮食和必要的休息时间

第九十八条　询问笔录、书面材料、询问不满 18 周岁的违反治安管理行为人

沿革　本条对应旧法第 84 条，第 1 款、第 3 款有新增规定。

解读　本条是询问笔录、自行提供书面材料、询问不满 18 周岁的违反治安管理行为人的有关规定。（1）询问笔录是对违反治安管理行为人陈述、申辩内容的固定和记录。准确地制作询问笔录一方面有利于公安机关查明事实、正确处理案件，另一方面有利于保护公民陈述和申辩的权利。本条第 1 款规定询问笔录应交被询问人核对；核对的目的是保证询问笔录的准确性，故应以被询问人能准确了解询问笔录内容为前提。记载有遗漏或者差错的，被询问人可以提出补充或者更正；确认无误后，应签字、盖章或按指印确认。旧法规定了签字、盖章两种确认方式，但实务中有被询问人既无法签字又没有印章的情况；此次修订相应增加了"按指印"的规定，以解决

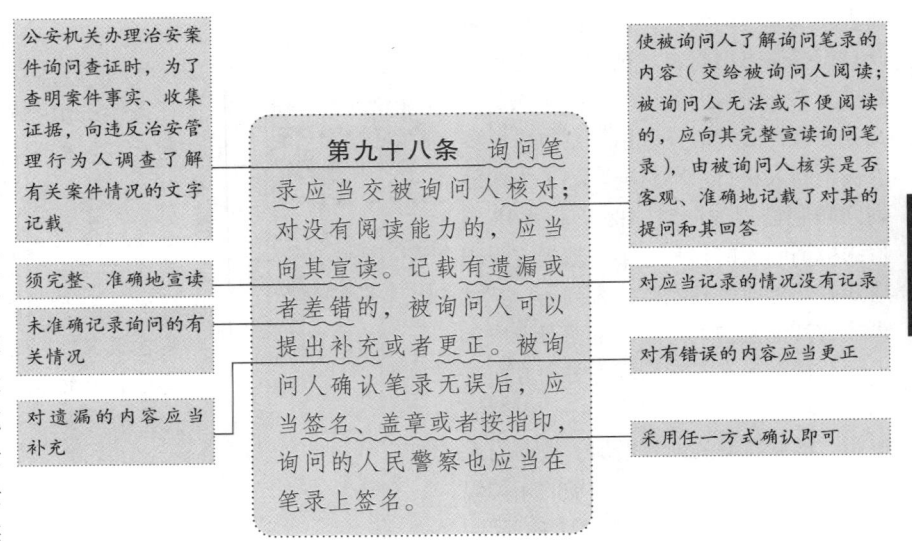

延伸　《民法典》第 27~33 条　《公安机关办理行政案件程序规定》第 75、77、78 条

公安机关办理治安案件询问查证时，为了查明案件事实、收集证据，向违反治安管理行为人调查了解有关案件情况的文字记载

须完整、准确地宣读

未准确记录询问的有关情况

对遗漏的内容应当补充

第九十八条　询问笔录应当交被询问人核对；对没有阅读能力的，应当向其宣读。记载有遗漏或者差错的，被询问人可以提出补充或者更正。被询问人确认笔录无误后，应当签名、盖章或者按指印，询问的人民警察也应当在笔录上签名。

使被询问人了解询问笔录的内容（交给被询问人阅读；被询问人无法或不便阅读的，应向其完整宣读询问笔录），由被询问人核实是否客观、准确地记载了对其的提问和其回答

对应当记录的情况没有记录

对有错误的内容应当更正

采用任一方式确认即可

· 115 ·

第九十八条　询问笔录、书面材料、询问不满 18 周岁的违反治安管理行为人（续）

解读 此问题。（2）询问笔录一般由询问人制作，交给被询问人核对。但不能排除被询问人在被询问当时无法准确表述或回答的情况，被询问人可以就此自行提供书面材料。被询问人提出自行提交书面材料的请求时，办案人员有义务准许；必要时，人民警察也可以要求被询问人自行书写材料。（3）为保障询问顺利进行的同时，保护未满 18 周岁的被询问人的权利，第 3 款规定应当通知其父母或者其他监护人到场。其父母或者其他监护人到场一方面对未成年人的精神有一定安抚作用，另一方面有助于其在行政处罚中行使陈述、申辩的权利。本款新增的内容增加了被询问人父母或者其他监护人不能到场的相关规定，完善了询问不满 18 周岁的违反治安管理行为人的有关制度，更有利于保护未成年人合法权益。

一般须符合以下几个条件：（1）根据被询问人的状态，自行书写更能准确表达案件真实情况，不让其自行书写不利于查明案情；（2）被询问人没有主动要求自行书写

不包括本数

（1）不是"可以"，而是"应当"；（2）办案人员准许一方面意味着应当同意相关请求，另一方面意味着提供必要的条件（如提供书写工具）

被询问人要求就被询问事项自行提供书面材料的，应当准许；必要时，人民警察也可以要求被询问人自行书写。

询问不满十八周岁的违反治安管理行为人，应当通知其父母或者其他监护人到场；其父母或者其他监护人不能到场的，也可以通知其他成年亲属，所在学校、单位、居住地基层组织或者未成年人保护组织的代表等合适成年人到场，并将有关情况记录在案。确实无法通知或者通知后未到场的，应当在笔录中注明。

父母是未成年子女的监护人。未成年人的父母已经死亡或者没有监护能力的，由下列有监护能力的人按顺序担任监护人：①祖父母、外祖父母；②兄、姐；③其他愿意担任监护人的个人或者组织，但是须经未成年人住所地的居民委员会、村民委员会或者民政部门同意

第九十九条 询问被侵害人或者其他证人

沿革 本条对应旧法第85条,有新增的规定。

- 自己的人身、财产或者其他权利遭受违反治安管理行为侵害的当事人
- 虽然没有受到违反治安管理行为侵害,但了解案情的人员
- 人民警察根据案件的实际情况,认为确有需要在公安机关进行询问的

> **第九十九条** 人民警察询问被侵害人或者其他证人,可以在现场进行,也可以到其所在单位、住处或者其提出的地点进行;必要时,也可以通知其到公安机关提供证言。
>
> 人民警察在公安机关以外询问被侵害人或者其他证人,应当出示人民警察证。
>
> 询问被侵害人或者其他证人,同时适用本法第九十八条的规定。

- 违反治安管理行为发生现场
- 到公安机关的办公场所,包括公安局、公安分局驻地及其派出所等场所

延伸 《公安机关办理行政案件程序规定》第79条
《公安机关执行〈中华人民共和国治安管理处罚法〉有关问题的解释》"九、关于询问不满16周岁的未成年人问题"

解读 本条是询问被侵害人或者其他证人程序的有关规定。(1)被侵害人或者其他证人提供的证言是公安机关办理治安案件过程中获取证据、查明案件事实、处理治安案件的重要依据。询问被害人和其他证人应当遵守法定程序。考虑到违反治安管理行为发生现场一般存在办案关键证据,此次修订新增可以在现场询问被侵害人或者其他证人,一方面可以提高取证效率和质量,另一方面也方便在场被侵害人或者其他证人提供证言。除在现场询问外,到被侵害人或者其他证人所在单位、住处或者其提出的地点对其进行询问,可以保障人民警察在治安案件发生后及时展开调查活动的同时,节省被侵害人或者其他证人的时间,尽可能保证其正常生活工作,方便其提供证言。鉴于实务中有时被侵害人或者其他证人单位、住处都不适宜进行询问,此次修订新增"其提出的地点"这一选项。(2)本条第2款规定了在公安机关以外询问被侵害人或者其他证人,人民警察应当出示人民警察证。在人民警察没有携带或者没有出示人民警察证的情况下,被侵害人或者其他证人有权拒绝接受询问。

有必要到公安机关提供证言的情况
- 在现场进行、其所在单位、住处或者其提出的地点进行可能导致国家秘密泄露的
- 在现场进行、其所在单位、住处或者其提出的地点进行可能受到干扰的
- 在现场进行、其所在单位、住处或者其提出的地点进行可能导致秩序严重混乱的
- 证人担心在现场进行、其所在单位、住处或者其提出的地点提供证言会遭到打击报复,想要隐藏个人信息的
- ……

第一百条　异地询问和通过远程视频方式询问

沿革　本条为新增内容。

延伸　《公安机关办理行政案件程序规定》第117、120、121条

解读　本条是关于异地询问和通过远程视频方式询问的规定。实务中，公安机关办理治安案件时常遇到的障碍之一就是违反治安管理行为人、被侵害人或者其他证人在异地，无法及时对其进行询问，可能导致证据损毁、缺失等，影响办案结果的客观性、公正性。针对这一问题，本条规定了两种解决方式：一是委托异地公安机关代为询问；二是通过公安机关的视频系统远程询问。即使是通过远程视频方式询问，也应当保证被询问人的基本权利，故应当向被询问人宣读询问笔录，使其知悉笔录内容，被询问人确认笔录无误后，询问的人民警察应当在笔录上注明。

> **第一百条**　违反治安管理行为人、被侵害人或者其他证人在异地的，公安机关可以委托异地公安机关代为询问，也可以通过公安机关的视频系统远程询问。
>
> 通过远程视频方式询问的，应当向被询问人宣读询问笔录，被询问人确认笔录无误后，询问的人民警察应当在笔录上注明。询问和宣读过程应当全程同步录音录像。

须符合异地公安机关协作的有关程序：应当制作办案协作函件。负责协作的公安机关接到请求协作的函件后，应当办理。办案地公安机关应当列出明确具体的询问提纲等

图表

通过远程视频方式询问程序性规定：
- 协作地公安机关事先核实被询问、告知人的身份
- 办案地公安机关应当制作询问、告知笔录并传输至协作地公安机关
- 制作询问笔录，向被询问人宣读询问笔录，被询问人确认笔录无误后，询问的人民警察应当在笔录上注明
- 询问和宣读过程应当全程同步录音录像

第一百零一条 询问聋哑人和不通晓当地通用的语言文字的人

沿革 本条对应旧法第86条，部分内容调整。

- 双耳失聪，无法正常感受语音信息
- 因为生理上的缺陷不能说话，无法通过口语形式来回答询问
- 不仅要到场参加，还要对被询问人提供帮助

延伸 《宪法》第121条 《公安机关办理行政案件程序规定》第76条

第一百零一条 询问聋哑的违反治安管理行为人、被害人或者其他证人，应当有通晓手语等交流方式的人提供帮助，并在笔录上注明。

询问不通晓当地通用的语言文字的违反治安管理行为人、被侵害人或者其他证人，应当配备翻译人员，并在笔录上注明。

- 在询问笔录中注明被询问人的聋哑情况以及翻译人员的姓名、住址、工作单位和联系方式
- 可以较为熟练地使用该语言文字，正确理解并回答询问内容
- 当地国家机关（包括权力机关、行政机关、司法机关）及其工作人员在行使权力和履行职责时正式使用的语言文字
- 在询问笔录中注明翻译人员的姓名、住址、工作单位和联系方式

图表

解读 本条是关于询问聋哑人和不通晓当地通用的语言文字的人的规定。聋哑人和不通晓当地通用语言文字的人可能有沟通障碍，但不影响其准确了解自身目睹、听闻或经历的案件事实，也不影响其以自己的方式正确表达自己的意志；若其无法准确理解被询问的内容，或者无法准确传达想表达的内容或提供的情况，既对公安机关了解情况、收集证据、办理治安案件有不利影响，也可能对其陈述、申辩等权利的行使造成损害。故对此类人员进行询问，为其提供必要的语言帮助，既可以保证被询问人正确理解应当回答的相关问题，保障公安机关准确查明案情、公正办理案件，又可以充分保障相关人员的知情权和自愿陈述的权利，保证询问客观、公正地进行。本条规定的询问聋哑人和不通晓当地通用的语言文字的对象，既包括违反治安管理行为人，也包括被侵害人或者其他证人。

	项目	治安案件	刑事案件
聋哑人相关程序规定	聋哑人案件中的身份	违反治安管理行为人、被侵害人或者其他证人	犯罪嫌疑人
	程序名称	询问	讯问
	程序要求	应当有通晓手语等交流方式的人提供帮助，并在笔录上注明	应当有通晓聋、哑手势的人参加，并且将这种情况记明笔录
不通晓当地通用的语言文字的人相关程序规定	不通晓当地通用的语言文字的人案件中的身份	违反治安管理行为人、被侵害人或者其他证人	诉讼参与人
	程序要求	应当配备翻译人员，并在笔录上注明	应当为他们翻译

第一百零二条　人身检查，提取、采集生物样本

沿革　本条为新增内容。

延伸　《公安机关办理行政案件程序规定》第83条

> 违反治安管理行为人、被侵害人的体表特征，如相貌、身体情况、特殊痕迹、肤色等

> 本条规定的对象仅限于这两类，不包括证人等

> 主要指有无生理缺陷，包括智力发育情况、各种生理机能等方面

> 不得强制进行人身检查或提取生物样本的对象仅为被侵害人，不包括违反治安管理行为人

第一百零二条　为了查明案件事实，确定违反治安管理行为人、被侵害人的某些特征、伤害情况或者生理状态，需要对其人身进行检查，提取或者采集肖像、指纹信息和血液、尿液等生物样本的，经公安机关办案部门负责人批准后进行。对已经提取、采集的信息或者样本，不得重复提取、采集。提取或者采集被侵害人的信息或者样本，应当征得被侵害人或者其监护人同意。

> 伤害的位置、程度、伤势形态等

> 不限于此处列举的内容，为了确定被侵害人、犯罪嫌疑人的特征、伤害情况、生理状态，对有关生物样本都可采集

解读　本条是关于人身检查，提取或者采集肖像、指纹信息和血液、尿液等生物样本的规定。本条虽然为此次修订的新增条款，但类似内容在其他法律中其实早已有所规定（如《刑事诉讼法》第132条）。人身检查，是指公安机关为了确定违反治安管理行为人、被侵害人的某些特征、伤害情况或者生理状态，依法对其人身进行检查的活动。在办理违反治安管理案件过程中，提取或者采集肖像、指纹信息，采集血液、尿液等生物样本经化验、鉴定等形成的意见可以与其他证据相互印证，形成证据链，有利于案件办理。本条赋予公安机关提取、采集生物样本的权力和职责，同时规定了不得重复提取、采集信息或者样本。对被侵害人进行人身检查或提取生物样本不得使用强制手段，而是需要征得其或者其监护人同意。

· 120 ·

第一百零三条　场所、人身、物品检查

沿革 本条对应旧法第 87 条，对检查程序有关问题进行了修订，第 3 款新增"或者医师"。

解读 本条是关于场所、人身、物品检查的规定。对与违反治安管理行为有关的场所或者违反治安管理行为人的人身、物品进行检查，是公安机关发现案件线索，获得原始证据，顺利、公正地办理案件的重要保障。不得对与违反治安管理行为无关的场所、物品、人身进行检查，且检查时应满足人民警察不少于 2 人并出示人民警察证的程序性要求。即使情况紧急，也不得少于 2 人进行检查。此次修订增加了"对场所进行检查的，经县级以上人民政府公安机关负责人批准，使用检查证检查"的规定，以及当场检查全程同步录音录像的规定。"检查妇女的身体，应当由女性工作人员或者医师进行"的规定体现了对妇女权益的特殊保护。

延伸
《行政处罚法》第 42 条
《公安机关办理行政案件程序规定》第 52、82、83 条
《公安机关执行〈中华人民共和国治安管理处罚法〉有关问题的解释（二）》"十、关于居住场所与经营场所合一的检查问题"

> 主要指违反治安管理行为发生现场及其他可能留有相关痕迹、物品等证据的地方

> 主要指实施违反治安管理行为的工具及现场遗留物（包括违反治安管理行为人或者被侵害人所有的衣物、毛发、血迹或者留下的痕迹）

第一百零三条　公安机关对与违反治安管理行为有关的场所或者违反治安管理行为人的人身、物品可以进行检查。检查时，人民警察不得少于二人，并应当出示人民警察证。

> 2 人或 2 人以上

第一百零三条　场所、人身、物品检查（续）

- 一般指紧急情况下，为了及时办案而需要立即进行检查的
- 发现或者接到报案到达的现场

> 对场所进行检查的，经县级以上人民政府公安机关负责人批准，使用检查证检查；对确有必要立即进行检查的，人民警察经出示人民警察证，可以当场检查，并应全程同步录音录像。检查公民住所应当出示县级以上人民政府公安机关开具的检查证。
> 检查妇女的身体，应当由女性工作人员或者医师进行。

- 当场检查的，必须全程同步录音录像
- 检查公民住所的硬性规定

《治安管理处罚法》关于录音录像的程序性规定

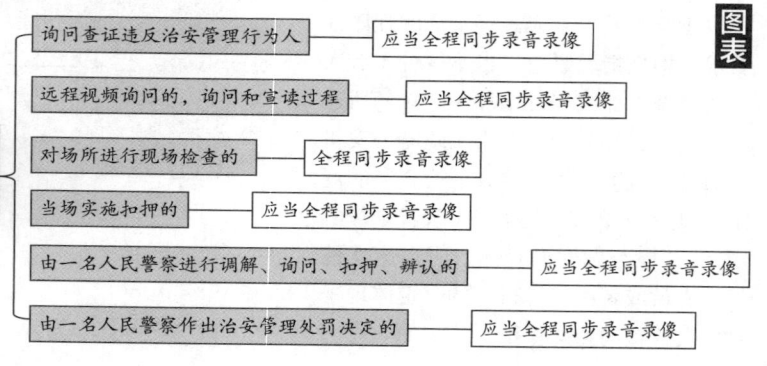

情形	要求
询问查证违反治安管理行为人	应当全程同步录音录像
远程视频询问的，询问和宣读过程	应当全程同步录音录像
对场所进行现场检查的	全程同步录音录像
当场实施扣押的	应当全程同步录音录像
由一名人民警察进行调解、询问、扣押、辨认的	应当全程同步录音录像
由一名人民警察作出治安管理处罚决定的	应当全程同步录音录像

图表

第一百零四条　检查笔录的制作

沿革　本条对应旧法第 88 条，新增"或者按指印""不在场或者被检查人、见证人"的规定。

解读　本条是关于检查笔录制作的有关规定。通过检查笔录记载检查的事项和有关情况，规范人民警察的检查活动，固定相关证据，为公安机关作出治安管理处罚决定提供依据。根据《公安机关办理行政案件程序规定》的规定，检查时的全程录音录像可以替代书面检查笔录，但应当对视听资料的关键内容和相应时间段等做文字说明。笔录制作后，应交由被检查人和见证人确认内容；被检查人和见证人阅读有困难的，应向其宣读。只有经过检查人、被检查人和见证人签名、盖章或者按手印的检查笔录才是发生法律效力的证据。

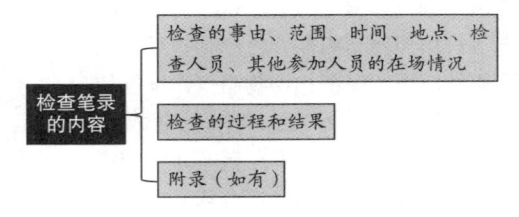

延伸　《公安机关办理行政案件程序规定》第 86 条

> 公安机关在进行场所、物品、人身检查过程中制作的，用于记载检查过程、结果等程序和实体事项的文书

> 三种方式任选一种即可

第一百零四条　检查的情况应当制作检查笔录，由检查人、被检查人和见证人签名、盖章或者按指印；被检查人不在场或者被检查人、见证人拒绝签名的，人民警察应当在笔录上注明。

> 三类人都需要签名、盖章或者按手印确认笔录内容

> 符合此程序规定的，即使缺少检查人、被检查人和见证人签名、盖章或者按手印，也不影响检查笔录的效力

图表

检查笔录的内容：
- 检查的事由、范围、时间、地点、检查人员、其他参加人员的在场情况
- 检查的过程和结果
- 附录（如有）

第一百零五条　公安机关办理治安案件时对物品的扣押

沿革　本条对应旧法第89条，第1款、第4款有新增内容，第3款为新增内容。

解读　本条是公安机关办理治安案件时对物品的扣押的有关规定。扣押是公安机关办理治安案件过程中重要的调查手段之一。（1）本条第1款规定了扣押的范围，主要是可以扣押和不得扣押两类。（2）本条第2款规定了扣押的程序要求：应当有见证人在场；应当查点清楚，当场开列清单一式二份，由调查人员、见证人和持有人签名或者盖章；对清单的处理是一份交给持有人，另一份附卷备查。（3）本条第3款规定了扣押的审批程序，即原则上经公安机关负责人批准，情况紧急或者物品价值不大的可以按照相关规定报告并补办手续。当场实施扣押的，应当全程同步录音录像。（4）本条第4款规定了对扣押物品的保管，原则是妥善保管，不挪作他用，保证扣押物品仅作证据使用。该款同时规定了不宜长期保存的物品，以及经查明与案件无关或者经核实属于被侵害人或者他人合法财产的处理方式。

延伸　《公安机关办理行政案件程序规定》第29、110~112条

> 第一百零五条　公安机关办理治安案件，对与案件有关的需要作为证据的物品，可以扣押；对被侵害人或者善意第三人合法占有的财产，不得扣押，应当予以登记，但是对其中与案件有关的必须鉴定的物品，可以扣押，鉴定后应当立即解除。对与案件无关的物品，不得扣押。
>
> 对扣押的物品，应当会同在场见证人和被扣押物品持有人查点清楚，当场开列清单一式二份，由调查人员、见证人和持有人签名或者盖章，一份交给持有人，另一份附卷备查。
>
> 实施扣押前应当报经公安机关负责人批准；因情况紧急或者物品价值不大，当场实施扣押的，人民警察应当及时向其所属公安机关负责人报告，并补办批准手续。公安机关负责人认为不应当扣押的，应当立即解除。当场实施扣押的，应当全程同步录音录像。

- 违反治安管理行为人占有的或者在违反治安管理行为发生的场所发现的与案件有关联，可作为证据使用的实物
- 不进行鉴定会影响办案机关证据的收集，影响办理案件结果的客观性、公正性的物品
- 写明扣押物品的名称、规格、特征、质量、数量，以及物品发现的地点、扣押的时间等信息
- 批准扣押的主体（无论是一般情况，还是情况紧急、需要当场实施扣押的特殊情况）

- 违反治安管理行为人和被侵害人之外，其他依法占有有关财产的主体（包括单位和个人）
- 而非"所有"
- 原则上，当场开列的清单不能有涂改；如确需更正，需由调查人员、见证人和持有人签名或者盖章确认或重新开列
- 时间要求

第一百零五条　公安机关办理治安案件时对物品的扣押（续）

- 期限为 30 日，情况复杂的，经县级以上公安机关负责人批准，可以延长 30 日；法律、行政法规另有规定的除外。延长扣押、扣留、查封期限的，应当及时书面告知当事人，并说明理由
- 拍摄或者制作足以反映原物外形或者内容的照片、录像
- 扣押时认为与案件有关需要作为证据，但调查工作中发现与案件无关的情况
- 包括财产所有人，或者其他对该财产享有合法权益（包括担保权益、因合同产生的权益）的人

对扣押的物品，应当妥善保管，不得挪作他用；对不宜长期保存的物品，按照有关规定处理。经查明与案件无关或者经核实属于被侵害人或者他人合法财产的，应当登记后立即退还；满六个月无人对该财产主张权利或者无法查清权利人的，应当公开拍卖或者按照国家有关规定处理，所得款项上缴国库。

- 将扣押的物品放置在安全设施完备的地方保存，并对其状态、数量、质量等进行妥当管理
- 任何扣押以外的用途，包括挪作公用，也包括挪作私用
- 实际上为经查明或核实，发现属于本条第 1 款规定的不得扣押的物品的情况
- 对扣押的物品主张包括所有权在内的合法权利的

图表

扣押的范围
- 可以扣押
  - 与案件有关的需要作为证据的物品
  - 对被侵害人或者善意第三人合法占有、与案件有关的必须鉴定的物品 —— 鉴定后应当立即解除
- 不得扣押
  - 被侵害人或者善意第三人合法占有的财产 —— 应当予以登记
  - 与案件无关的物品

第一百零六条　鉴定

沿革 本条对应旧法第 90 条。

延伸 《公安机关办理行政案件程序规定》第 87~100 条

解读 本条是关于鉴定的规定。鉴定即公安机关为了解决案件的专门性问题，指派或者聘请具有专门知识的人进行鉴别和判断，并提供专门性意见的活动。鉴定人应根据科学知识、科学规律和操作规范，独立作出鉴定，并对案件中的专门性问题得出具有客观性、公正性的鉴定意见。鉴定意见只是办案过程中证据的一种，鉴定也不是办理治安案件的必经程序。但一旦进行鉴定，必须符合法律规定的要求。

图表

第一百零六条：为了查明案情，需要解决案件中有争议的专门性问题的，应当指派或者聘请具有专门知识的人员进行鉴定；鉴定人鉴定后，应当写出鉴定意见，并且签名。

- 由公安机关内部的专业技术人员对相关专门性问题作出技术认定
- 不同于普通知识的，人们在某一领域的生产劳动实践及研究中积累起来的专业性的知识经验
- 具有专门知识的人运用科学技术或者专门知识进行鉴别和判断的活动
- 有专门知识的鉴定人依据科学知识对案件中的专门性问题进行鉴定后提出的结论性书面意见，应当载明委托人、委托鉴定的事项、提交鉴定的相关材料、鉴定的时间、依据和结论性意见等内容
- 可以是一个人，也可以是多人共同鉴定
- 鉴定人对鉴定意见负责；多人参加鉴定，对鉴定意见有不同意见的，应当注明
- 仅凭直觉或者逻辑推理无法作出肯定或者否定的判断，必须运用科学技术手段或者专门知识进行鉴别和判断才能得出正确结论的事项，如血型的确定、精神疾病的认定等
- 需要聘请本公安机关以外的人进行鉴定的，应当经公安机关办案部门负责人批准后，制作鉴定聘请书

应当进行重新鉴定的情况：
- 鉴定程序违法或者违反相关专业技术要求，可能影响鉴定意见正确性的
- 鉴定机构、鉴定人不具备鉴定资质和条件的
- 鉴定意见明显依据不足的
- 鉴定人故意作虚假鉴定的
- 鉴定人应当回避而没有回避的
- 检材虚假或者被损坏的
- 其他应当重新鉴定的

第一百零七条 辨认

沿革 本条为新增内容。

延伸 《公安机关办理行政案件程序规定》第52、101~106条

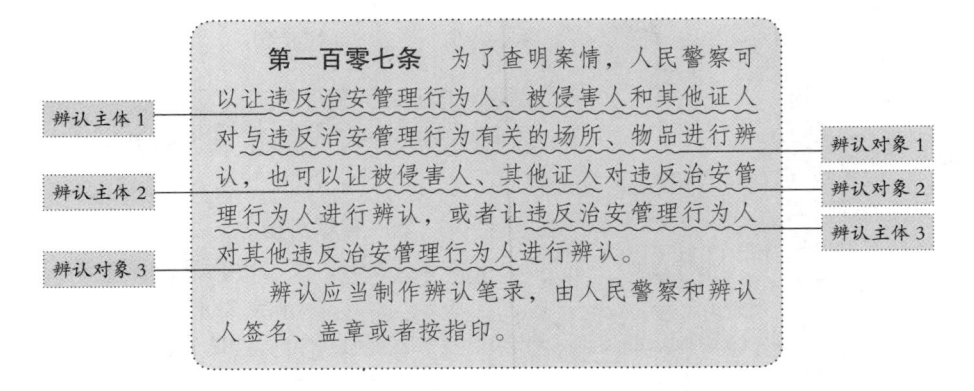

> **第一百零七条** 为了查明案情,人民警察可以让违反治安管理行为人、被侵害人和其他证人对与违反治安管理行为有关的场所、物品进行辨认,也可以让被侵害人、其他证人对违反治安管理行为人进行辨认,或者让违反治安管理行为人对其他违反治安管理行为人进行辨认。
>
> 辨认应当制作辨认笔录,由人民警察和辨认人签名、盖章或者按指印。

- 辨认主体1
- 辨认主体2
- 辨认对象3
- 辨认对象1
- 辨认对象2
- 辨认主体3

辨认的程序性规定:
- 由二名以上办案人民警察主持;组织辨认前,应当向辨认人详细询问辨认对象的具体特征,并避免辨认人见到辨认对象
- 多名辨认人对同一辨认对象或者一名辨认人对多名辨认对象进行辨认时,应当个别进行
- 辨认时,应当将辨认对象混杂在特征相类似的其他对象中,不得给辨认人任何暗示
- 辨认经过和结果,应当制作辨认笔录,由办案人民警察和辨认人签名或者捺指印。必要时,应当对辨认过程进行录音、录像

解读 本条是关于人民警察为查明案情进行辨认的规定。本条规定了人民警察可以让不同主体对不同对象进行辨认,辨认主体和对象不得超过本条规定的范围:(1)对与违反治安管理行为有关的场所、物品进行辨认的主体范围最大,包括违反治安管理行为人、被侵害人和其他证人;(2)对违反治安管理行为人进行辨认的主体仅包括被侵害人、其他证人;(3)对其他违反治安管理行为人进行辨认的主体仅包括违反治安管理行为人。

第一百零八条　进行调查取证工作的人民警察不得少于二人，以及可以由一名人民警察进行的情况

沿革 本条为新增内容。

解读 本条是关于调查取证的人民警察不得少于2人，以及可以由一名人民警察进行的情况的规定。（1）原则上，公安机关进行调查取证工作时，人民警察不得少于2人。这些调查取证工作包括但不限于询问、辨认、勘验，实施行政强制措施。（2）第2款规定了可以由一名人民警察进行的调查取证、调解工作，仅限于两种情形：①在符合一定要求的执法办案场所进行的特定工作。对场所的具体要求是：规范设置、严格管理；具体工作限定为询问、扣押或辨认。②进行治安调解的。（3）本条第3款是由一名警察调查取证、调解时全程同步录音录像的相关规定。

延伸《公安机关办理行政案件程序规定》第52、178条

公安机关对与违法行为有关的场所、物品、人身等进行勘查和检验，以发现和收集违法行为的各种痕迹和物品的活动

公安机关通过组织违反治安管理行为相关人员，利用他们的直观感觉（如视觉、听觉等）对有关物品、场所或行为人进行辨别认定的活动

公安机关在办理案件过程中使用的专门区域，主要包括询问室、讯问室、候问室等功能区，用于进行安全检查、信息采集、讯问、询问等办案活动

公安机关进行的治安调解

公安机关直接向违法嫌疑人了解案件事实，调查取证的过程

此为对执法办案场所的要求

仅限于这三种程序性事项

而非应当

> **第一百零八条** 公安机关进行询问、辨认、勘验，实施行政强制措施等调查取证工作时，人民警察不得少于二人。
> 公安机关在规范设置、严格管理的执法办案场所进行询问、扣押、辨认的，或者进行调解的，可以由一名人民警察进行。
> 依照前款规定由一名人民警察进行询问、扣押、辨认、调解的，应当全程同步录音录像。未按规定全程同步录音录像或者录音录像资料损毁、丢失的，相关证据不能作为处罚的根据。

第二节 决 定

第一百零九条　治安管理处罚的决定机关

沿革 本条对应旧法第91条，部分内容调整。

延伸
《行政处罚法》第9、10条
《治安管理处罚法》第7、141、142条
《公安机关组织管理条例》第6条

> **第一百零九条**　治安管理处罚由县级以上地方人民政府公安机关决定；其中警告、一千元以下的罚款，可以由公安派出所决定。

县级以上地方人民政府公安机关在本级人民政府领导下，负责本行政区域的公安工作，是本行政区域公安工作的领导、指挥机关

市、县、自治县公安局根据工作需要设置公安派出所

图表

治安管理处罚	决定机关
警告	县级以上地方人民政府公安机关、公安派出所
1000元以下罚款	
1000元以上（不含本数）罚款	县级以上地方人民政府公安机关
行政拘留	
吊销公安机关发放的许可证件	
限期出境	
驱逐出境	

解读 本条是治安管理处罚的决定机关的规定。（1）治安管理处罚的决定机关是公安机关。治安管理是公安机关的基本任务之一，决定对违反治安管理行为的处罚，是公安机关的应有职权。（2）治安管理处罚由县级以上地方人民政府公安机关决定。在铁路、林业、民航、交通、海关等部门设立的与县级人民政府公安机关级别相当的公安机关也可以作出治安管理处罚。（3）警告、1000元以下的罚款，可以由公安派出所决定。公安派出所并不是一级公安机关，而是县级公安机关的派出机构，代表其所属的公安机关对其辖区内的治安事项进行管理。

第一百一十条　行政拘留的折抵

沿革 本条对应旧法第92条。

延伸《刑法》第41、44、47条
《公安机关办理行政案件程序规定》第163条

> **第一百一十条**　对决定给予行政拘留处罚的人，在处罚前已经采取强制措施限制人身自由的时间，应当折抵。限制人身自由一日，折抵行政拘留一日。

为了保障查处案件的顺利进行而采取的临时限制被处罚人人身自由的保障措施

解读 本条是关于限制人身自由的时间折抵行政拘留的规定。（1）只有被采取强制措施限制人身自由的时间可以折抵行政拘留，其他处罚不能折抵行政拘留。（2）强制执行措施限制人身自由的时间折抵的是行政拘留，不能折抵警告、罚款、吊销公安机关发放的许可证。（3）折抵的计算方法是，限制人身自由一日，折抵行政拘留一日。

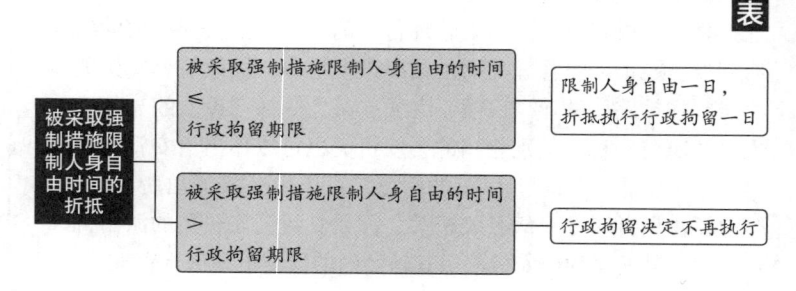

图表

被采取强制措施限制人身自由时间的折抵：
- 被采取强制措施限制人身自由的时间 ≤ 行政拘留期限 → 限制人身自由一日，折抵执行行政拘留一日
- 被采取强制措施限制人身自由的时间 > 行政拘留期限 → 行政拘留决定不再执行

第一百一十一条　违反治安管理行为人的陈述与其他证据的关系

沿革 本条对应旧法第 93 条。

延伸 《刑事诉讼法》第 55 条

> 违反治安管理行为而可能被公安机关给予治安管理处罚的人本人的陈述

> **第一百一十一条** 公安机关查处治安案件，对没有本人陈述，但其他证据能够证明案件事实的，可以作出治安管理处罚决定。但是，只有本人陈述，没有其他证据证明的，不能作出治安管理处罚决定。

解读 本条是关于如何处理违反治安管理行为人的陈述与其他证据关系问题的规定。在作出治安管理处罚决定前，应注意两种情况：（1）没有本人陈述，如本人拒绝或者拒不承认实施了违法行为，但其他证明其实施了违反治安管理行为的证据充分、确实，可以相互印证并经过质证是确实可信，并且形成了一个有效的证据推理链条的，就可以认定其实施了违反治安管理行为的事实，并据此作出处罚决定。（2）本人自己承认实施了违反治安管理行为，或者自己陈述了违反治安管理行为事实，而没有其他证据证明、佐证的，不能认定其违法并处罚，也就是不能仅凭本人陈述进行处罚。

可以作出治安管理处罚决定的情形	不可以作出治安管理处罚决定的情形
有本人供述 + 其他证据能够证明案件事实	有本人供述 + 其他证据不能证明案件事实
没有本人供述 + 其他证据能够证明案件事实	没有本人供述 + 其他证据不能证明案件事实

第一百一十二条　公安机关的告知义务和违反治安管理行为人的陈述和申辩权

沿革 本条第1款、第2款、第4款对应旧法第94条，第3款为新增内容。

延伸
《民法典》第27条
《治安管理处罚法》第6条
《公安机关办理行政案件程序规定》第6、167~170条

解读 本条是关于在治安管理处罚中公安机关的告知义务和违反治安管理行为人享有陈述与申辩权的规定。（1）本条第1款规定了公安机关的告知义务：①事前告知，即在作出治安管理处罚之前告知。②告知的对象，是违反治安管理行为人，即拟被给予治安管理处罚的人。③告知的内容：治安管理处罚的内容；治安管理处罚的事实、理由和依据；违反治安管理行为人依法享有的权利。（2）本条第2款规定了违反治安管理行为人有权陈述和申辩。①陈述和申辩是违反治安管理行为人的法定权利。②听取违反治安管理行为人的陈述和申辩是公安机关的法定义务。对违反治安管理行为人提出的事实、理由和证据，应当进行复核；违反治安管理行为人提出的事实、理由或者证据成立的，公安机关应当采纳。

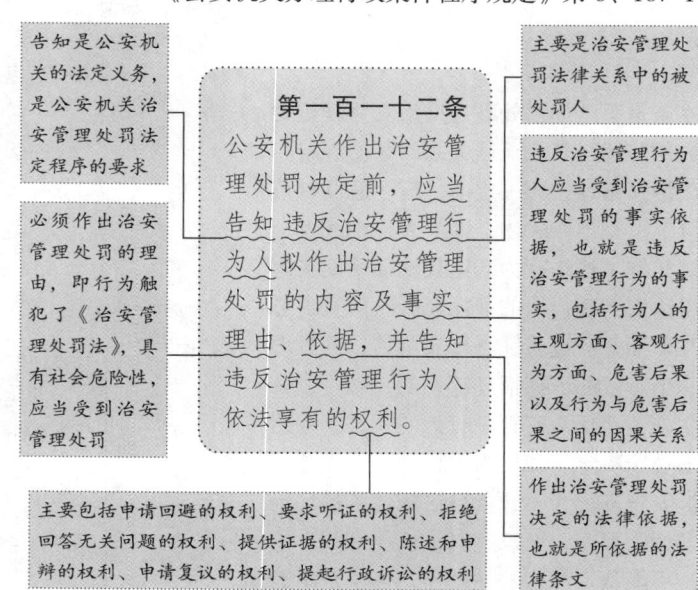

第一百一十二条
公安机关作出治安管理处罚决定前，应当告知违反治安管理行为人拟作出治安管理处罚的内容及事实、理由、依据，并告知违反治安管理行为人依法享有的权利。

- 告知是公安机关的法定义务，是公安机关治安管理处罚法定程序的要求
- 必须作出治安管理处罚的理由，即行为触犯了《治安管理处罚法》，具有社会危害性，应当受到治安管理处罚
- 主要包括申请回避的权利、要求听证的权利、拒绝回答无关问题的权利、提供证据的权利、陈述和申辩的权利、申请复议的权利、提起行政诉讼的权利
- 主要是治安管理处罚法律关系中的被处罚人
- 违反治安管理行为人应当受到治安管理处罚的事实依据，也就是违反治安管理行为的事实，包括行为人的主观方面、客观行为方面、危害后果以及行为与危害后果之间的因果关系
- 作出治安管理处罚决定的法律依据，也就是所依据的法律条文

第一百一十二条　公安机关的告知义务和违反治安管理行为人的陈述和申辩权（续）

违反治安管理行为人有权陈述和申辩。公安机关必须充分听取违反治安管理行为人的意见，对违反治安管理行为人提出的事实、理由和证据，应当进行复核；违反治安管理行为人提出的事实、理由或者证据成立的，公安机关应当采纳。

违反治安管理行为人不满十八周岁的，还应当依照前两款的规定告知未成年人的父母或者其他监护人，充分听取其意见。

公安机关不得因违反治安管理行为人的陈述、申辩而加重其处罚。

> 提出自己的意见和看法，提出自己掌握的事实、证据或者线索，并对公安机关的指控进行解释、辩解，表明自己的主张，反驳对自己不利的意见和证据，坚持对自己有利的意见和证据

> 未成年人的父母已经死亡或者没有监护能力的，由下列有监护能力的人按顺序担任监护人：（1）祖父母、外祖父母；（2）兄、姐；（3）其他愿意担任监护人的个人或者组织，但是须经未成年人住所地的居民委员会、村民委员会或者民政部门同意

解读　（3）本条第3款规定了对不满18周岁的违反治安管理行为人应当告知未成年人的父母或者其他监护人，充分听取其意见。本款考虑到了未成年人的心智特点，体现了对未成年人的保护。（4）本条第4款规定公安机关不得因违反治安管理行为人的陈述、申辩而加重处罚。

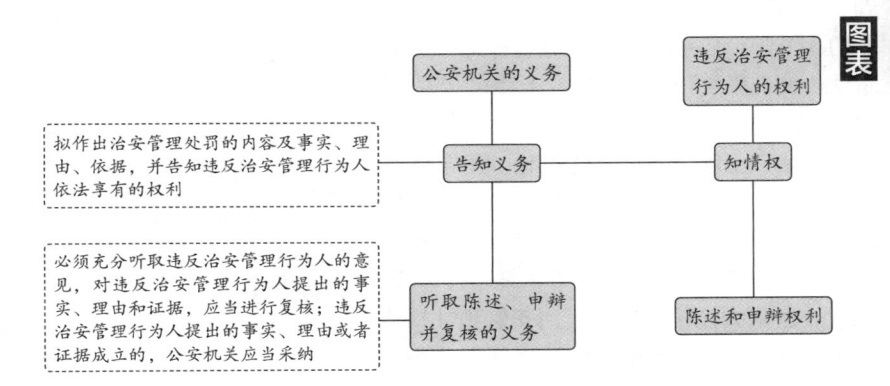

图表

- 公安机关的义务
  - 告知义务：拟作出治安管理处罚的内容及事实、理由、依据，并告知违反治安管理行为人依法享有的权利
  - 听取陈述、申辩并复核的义务：必须充分听取违反治安管理行为人的意见，对违反治安管理行为人提出的事实、理由和证据，应当进行复核；违反治安管理行为人提出的事实、理由或者证据成立的，公安机关应当采纳

- 违反治安管理行为人的权利
  - 知情权
  - 陈述和申辩权利

第一百一十三条　治安案件调查结束后的处理

沿革　本条第 1 款对应旧法第 95 条，部分内容调整；第 2 款为新增内容。

延伸　《行政处罚法》第 57 条　《治安管理处罚法》第 12、13 条

解读（1）本条第 1 款是对公安机关在治安案件调查结束后区分不同情况作出处理的规定：①作出处罚决定：A.有违反治安管理的行为。B.违反治安管理的行为达到了需要处罚的程度。C.根据本法第三章的规定，按照情节轻重和其他具体情况，在处罚幅度内作出处罚决定。②作出不予处罚决定：A.依法不予处罚的。第一，依法不予处罚的；第二，依法可以不予处罚，最后决定不予处罚的。B.违法事实不能成立的，作出不予处罚决定。③移送有关主管机关依法追究刑事责任。④通知或者移送有关主管机关对涉及的其他违法行为进行行政处罚。我国实行的是多主体的行政处罚体制。根据法律的授权，不同的行政机关对不同的违法行为有各自的处罚权，属于其他行政机关管辖的违法行为，应该由其处理。（2）本条第 2 款规定，对情节复杂或者重大违法行为给予治安管理处罚前，应当由公安机关负责人集体讨论，并作出决定。

> **第一百一十三条**　治安案件调查结束后，公安机关应当根据不同情况，分别作出以下处理：
> （一）确有依法应当给予治安管理处罚的违法行为的，根据情节轻重及具体情况，作出处罚决定；
> （二）依法不予处罚的，或者违法事实不能成立的，作出不予处罚决定；
> （三）违法行为已涉嫌犯罪的，移送有关主管机关依法追究刑事责任；
> （四）发现违反治安管理行为人有其他违法行为的，在对违反治安管理行为作出处罚决定的同时，通知或者移送有关主管机关处理。
> 对情节复杂或者重大违法行为给予治安管理处罚，公安机关负责人应当集体讨论决定。

- 公安机关依照本法规定的调查程序对有关案件调查终结
- 法律规定应当或者可以不予处罚的情况
- 根据《刑事诉讼法》的规定具有管辖权的公安机关和检察机关
- 应当从公安机关工作的实际经验出发予以确定
- 本法第三章规定的需要给予治安管理处罚的违反治安管理行为
- 没有违法事实或者证据不足以证明有违法事实
- 违反除本法规定以外的其他行政管理法律法规的行为
- 应当有 2 名以上负责人参加并形成书面意见

第一百一十四条　法制审核

沿革 本条为新增内容。

延伸 《行政处罚法》第58条
《国家统一法律职业资格考试实施办法》第2条

解读（1）本条第1款规定特定情形下公安机关作出治安管理处罚前应当进行法制审核。①法制审核的情形包括：涉及重大公共利益的；直接关系当事人或者第三人重大权益，经过听证程序的；案件情况疑难复杂、涉及多个法律关系的。②法制审核的主体：从事治安管理处罚决定法制审核的人员。③法制审核的时间：治安案件调查结束后，在公安机关作出治安管理处罚决定之前。④法制审核的效力：未经法制审核或者审核未通过的，不得作出决定。⑤法制审核的形式：法制审核应当采用独立的书面格式，包含具体的审核内容和意见。
（2）本条第2款规定法制审核人员的资格：①在2018年1月1日之前，已经在行政机关法制机构从事法制审核的人员，法律未规定应当取得法律职业资格，可以继续从事。②在2018年1月1日之后，初次从事法制审核的人员，应当具备法律职业资格。

> **第一百一十四条** 有下列情形之一的，在公安机关作出治安管理处罚决定之前，应当由从事治安管理处罚决定法制审核的人员进行法制审核；未经法制审核或者审核未通过的，不得作出决定：
> （一）涉及重大公共利益的；
> （二）直接关系当事人或者第三人重大权益，经过听证程序的；
> （三）案件情况疑难复杂、涉及多个法律关系的。
> 公安机关中初次从事治安管理处罚决定法制审核的人员，应当通过国家统一法律职业资格考试取得法律职业资格。

审核内容包括：（1）行政执法主体是否合法，行政执法人员是否具备执法资格；（2）行政执法程序是否合法；（3）案件事实是否清楚，证据是否合法充分；（4）适用法律、法规、规章是否准确，裁量基准运用是否适当；（5）执法是否超越执法机关法定权限；（6）行政执法文书是否完备、规范；（7）违法行为是否涉嫌犯罪，需要移送司法机关等

第一百一十五条　处罚决定书的制作

沿革 本条对应旧法第96条。

解读（1）公安机关作出治安管理处罚决定的，应当制作治安管理处罚决定书。治安管理处罚决定书是公安机关行使公权力，对违反治安管理行为人进行治安处罚的法律表现形式，具有法律效力。（2）决定书应当载明下列内容：①被处罚人的姓名、性别、年龄、身份证件的名称和号码、住址；②违法事实和证据；③处罚的种类和依据；④处罚的执行方式和期限；⑤对处罚决定不服，申请行政复议、提起行政诉讼的途径和期限；⑥作出处罚决定的公安机关的名称和作出决定的日期。（3）决定书应当由作出处罚决定的公安机关加盖印章。没有加盖作出处罚决定的公安机关印章的决定书不具有法律效力。

公安机关对违反治安管理行为人违反何种治安管理行为、适用何种处罚种类所作出的书面决定，是具有法律效力的文书

延伸《行政处罚法》第59条

> **第一百一十五条**　公安机关作出治安管理处罚决定的，应当制作治安管理处罚决定书。决定书应当载明下列内容：
> （一）被处罚人的姓名、性别、年龄、身份证件的名称和号码、住址；
> （二）违法事实和证据；
> （三）处罚的种类和依据；
> （四）处罚的执行方式和期限；
> （五）对处罚决定不服，申请行政复议、提起行政诉讼的途径和期限；
> （六）作出处罚决定的公安机关的名称和作出决定的日期。
> 决定书应当由作出处罚决定的公安机关加盖印章。

身份证、户口簿等用于证明身份的证件

被处罚人违反治安管理的具体行为和经过

警告、罚款、行政拘留和吊销公安机关发放的许可证件，限期出境或者驱逐出境

主要是指对被处罚人处以罚款、行政拘留处罚的执行方式

加盖派出所或者县级人民政府公安机关、公安分局公章

被处罚人被处罚时的常住地址

具体证明治安案件真实情况的一切事实，包括：（1）物证、书证；（2）证人证言；（3）被害人陈述；（4）被处罚人的辩解；（5）鉴定意见；等等。

本法（主要是第三章）的具体条款

作出治安管理处罚决定的公安派出所和县级人民政府公安机关、公安分局

第一百一十六条 处罚决定书的宣告、送达

沿革 本条对应旧法第97条，部分内容调整。

解读 本条是对治安管理处罚决定书宣告、送达的规定。（1）本条第1款规定对被处罚人的宣告和送达。交付和送达是治安管理处罚决定发生法律效力的前提，未交付和送达的治安管理处罚决定书对被处罚人没有法律约束力。①当场向被处罚人宣告并交付治安管理处罚决定书。公安机关向被处罚人当场宣告后，经被处罚人在处罚决定书上签字，即视为当场送达被处罚人。被处罚人拒绝接收处罚决定书的，应当记录在案，视为当场交付。②无法当场向被处罚人宣告的，应当在2日以内送达被处罚人。③对决定给予行政拘留处罚的人，由作出决定的公安机关送至拘留所执行，应当及时通知被处罚人的家属。（2）本条第2款规定，有被侵害人的，公安机关应当将决定书送达被侵害人。旧法规定为将决定书副本抄送被侵害人，新法则规定直接将决定书送达被侵害人。

作出治安管理处罚决定2日以内

第一百一十六条 公安机关应当向被处罚人宣告治安管理处罚决定书，并当场交付被处罚人；无法当场向被处罚人宣告的，应当在二日以内送达被处罚人。决定给予行政拘留处罚的，应当及时通知被处罚人的家属。

有被侵害人的，公安机关应当将决定书送达被侵害人。

延伸 《行政处罚法》第61条
《治安管理处罚法》第112、122条

既可以是当场宣告治安管理处罚决定的人民警察向被处罚人交付治安管理处罚决定书，也可以通知被处罚人到公安机关，向其宣告和交付治安管理处罚决定书

可以是自然人，也可以是法人或有关组织

主要包括直接送达、留置送达。直接送达指公安机关将治安管理处罚决定书直接交付给被处罚人或者其成年家属签收。留置送达指被处罚人或者他的同住成年家属拒绝接收治安管理处罚决定书的，公安机关应当邀请有关基层组织或者所在单位的代表到场，说明情况，在送达回证上记明拒收事由和日期，由送达人、见证人签名或者盖章，把治安管理处罚决定书留在被处罚人的住所，即视为送达

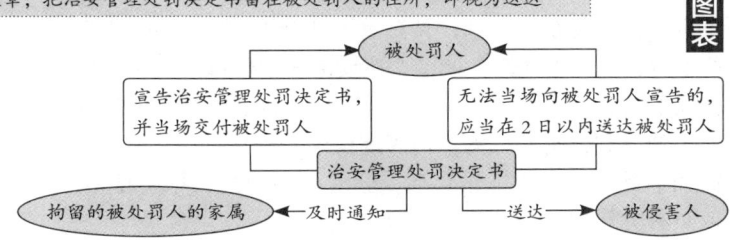

图表

```
                    被处罚人
                   ↗        ↖
宣告治安管理处罚决定书，      无法当场向被处罚人宣告的，
并当场交付被处罚人           应当在2日以内送达被处罚人
                   ↘        ↙
              治安管理处罚决定书
              ↙              ↘
拘留的被处罚人的家属 ← 及时通知    送达 → 被侵害人
```

第一百一十七条　听证

沿革　本条第 1 款对应旧法第 98 条，部分内容有调整；第 2~4 款为新增内容。

解读　本条是对治安管理处罚进行听证的规定。（1）本条第 1 款规定了因处罚内容或措施而需要听证的情况。①需要听证的处罚或措施：吊销许可证件；4000 元以上罚款；采取责令停业整顿措施。②公安机关的告知义务：公安机关作出处罚决定或者采取责令停业整顿措施前，应当告知违反治安管理行为人有权要求举行听证。③公安机关举行听证的义务：违反治安管理行为人要求听证的，公安机关应当及时依法举行听证。（2）本条第 2 款规定了涉及未成年人的听证。①听证的条件：第一，未成年人。第二，可能执行行政拘留。②公安机关的告知义务：告知对象是行为人和其监护人。③公安机关举行听证的义务：违反治安管理行为人和其监护人要求听证的。（3）本条第 3 款规定了其他应当听证的案件：①案件范围：案情复杂的案件；具有重大社会影响的案件。②听证的前提：属于上述案件范围；违反治安管理行为人要求听证；公安机关认为有必要听证。（4）本条第 4 款规定，听证是当事人的权利，公安机关不得因违反治安管理行为人要求听证而加重其处罚。听证结束后，公安机关应当根据听证笔录，依照本法第 113 条的规定，作出决定。

公安机关应当告知而没有告知，属于程序违法，可导致行政处罚决定不能成立

延伸　《行政处罚法》第 63~65 条

第一百一十七条　公安机关作出吊销许可证件、处四千元以上罚款的治安管理处罚决定或者采取责令停业整顿措施前，应当告知违反治安管理行为人有权要求举行听证；违反治安管理行为人要求听证的，公安机关应当及时依法举行听证。

对依照本法第二十三条第二款规定可能执行行政拘留的未成年人，公安机关应当告知未成年人和其监护人有权要求举行听证；未成年人和其监护人要求听证的，公安机关应当及时依法举行听证。对未成年人案件的听证不公开举行。

前两款规定以外的案情复杂或者具有重大社会影响的案件，违反治安管理行为人要求听证，公安机关认为必要的，应当及时依法举行听证。

公安机关不得因违反治安管理行为人要求听证而加重其处罚。

依据《行政处罚法》规定的具体的听证程序举行听证

第一百一十八条　办案期限

沿革　本条对应旧法第 99 条，增加部分内容。

《治安管理处罚法》第 90 条　**延伸**

自公安机关立案之日起至办结治安案件的期限

公安机关对报案、控告、举报或者违反治安管理行为人主动投案，以及其他国家机关移送的违反治安管理案件，应当立即立案并进行调查

> **第一百一十八条**　公安机关办理治安案件的期限，自立案之日起不得超过三十日；案情重大、复杂的，经上一级公安机关批准，可以延长三十日。期限延长以二次为限。公安派出所办理的案件需要延长期限的，由所属公安机关批准。
>
> 　　为了查明案情进行鉴定的期间、听证的期间，不计入办理治安案件的期限。

如团伙作案的案件、流窜作案的案件、群体性案件，以及有些涉外治安案件

解读　本条是办案期限的规定。（1）本条第 1 款规定了公安机关办理治安案件的一般期限和延长期限：①一般期限：不得超过 30 日。②对案情重大、复杂的治安案件，经批准，可以延长 30 日。期限延长以二次为限。延长期限需经批准：①案情重大、复杂的案件，经上一级公安机关批准。②公安派出所办理的案件，由所属公安机关批准。（2）本条第 2 款规定，为了查明案情进行鉴定、听证的期间，不计入办理治安案件的期限。

第 4 章　90~130

图表

```
立案之日 ──30 日──▶ 办结之日
   │                    ▲
  30 日                 30 日 × 2
   │                    │
   └─▶ 案情重大、复杂的，经上一级公安机关批准 ──┘
```

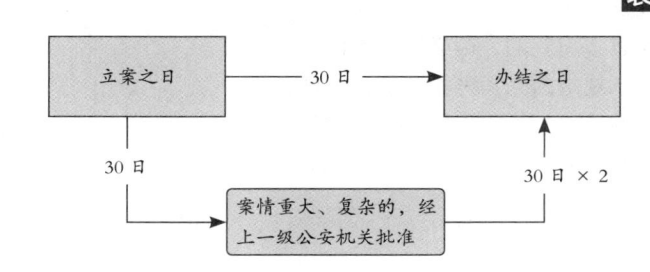

第一百一十九条　当场处罚

沿革 本条对应旧法第 100 条，部分内容调整。

延伸
《行政处罚法》第 51~53 条
《治安管理处罚法》第 120 条
《公安机关办理行政案件程序规定》第 36~39 条

> **第一百一十九条**　违反治安管理行为事实清楚，证据确凿，处警告或者五百元以下罚款的，可以当场作出治安管理处罚决定。

案情比较简单，因果关系明确，证据确凿，不需要进行更多的查证，没有必要进行鉴定，也不涉及其他违法犯罪案件的

解读 本条是对当场处罚的规定。当场处罚的适用条件包括：(1) 违反治安管理行为事实清楚，证据确凿。(2) 处警告或者 500 元以下罚款的，即必须是本法第三章规定的处罚种类和罚款幅度内的。(3) 执法主体是人民警察。只有对人民警察在依法执行职务时查处的违反治安管理行为，才可以当场处罚。

图表

项目	当场处罚	当场收缴
性质	决定程序	执行程序
法律依据	本法第 119 条	本法第 123 条
适用条件	违反治安管理行为事实清楚，证据确凿，处警告或者 500 元以下罚款的	(1) 被处 200 元以下罚款，被处罚人对罚款无异议的；(2) 在边远、水上、交通不便地区，旅客列车上或者口岸，公安机关及其人民警察依照本法的规定作出罚款决定后，被处罚人到指定的银行或者通过电子支付系统缴纳罚款确有困难，经被处罚人提出的；(3) 被处罚人在当地没有固定住所，不当场收缴事后难以执行的

第一百二十条 当场处罚应遵守的程序

沿革 本条对应旧法第101条，部分内容调整；第3款为新增内容。

延伸 《治安管理处罚法》第119条

解读 本条是对人民警察当场作出治安管理处罚决定程序的规定。（1）本条第1款规定了当场作出治安管理处罚决定的程序：①人民警察应当向违反治安管理行为人出示人民警察证，以表明身份。②确认违法事实。③告知违反治安管理行为人处罚理由以及陈述和申辩的权利。④填写当场处罚决定书。⑤处罚决定书应当当场交付被处罚人，并应当送达被侵害人。（2）本条第2款规定了当场处罚决定书的制作。①应当载明的事项：被处罚人的姓名；违法行为；处罚依据；

> **第一百二十条** 当场作出治安管理处罚决定的，<u>人民警察应当向违反治安管理行为人出示人民警察证，并填写处罚决定书</u>。处罚决定书应当当场交付被处罚人；有被侵害人的，并应当将决定书送达被侵害人。
>
> 前款规定的处罚决定书，<u>应当载明被处罚人的姓名、违法行为、处罚依据、罚款数额、时间、地点以及公安机关名称，并由经办的人民警察签名或者盖章</u>。

- 当场处罚决定书一般采用由公安机关预先统一制作好的格式文书，具有固定格式和编号
- 被处罚人违反治安管理法律法规的具体行为
- 作出当场处罚的人民警察必须在处罚决定书上签署本人的姓名或者加盖本人的姓名印章
- 依法履行治安管理职责的人民警察
- 处罚决定书必须具备的内容
- 作出治安管理处罚的法律依据
- 作出治安管理处罚的人民警察所属的公安机关名称，包括公安派出所、公安机关的治安部门

第4章 90~130

第一百二十条 当场处罚应遵守的程序（续）

> 适用当场处罚，被处罚人对拟作出治安管理处罚的内容及事实、理由、依据没有异议的，可以由一名人民警察作出治安管理处罚决定，并应当全程同步录音录像。
>
> 当场作出治安管理处罚决定的，经办的人民警察应当在二十四小时以内报所属公安机关备案。

将处罚决定书报所属公安机关存档，以备核查，而不是报所属公安机关批准

解读 罚款数额；时间；地点；公安机关名称。②当场作出治安管理处罚决定由经办的人民警察签名或者盖章。（3）本条第3款是一名警察当场处罚的规定。①适用前提：被处罚人对拟作出治安管理处罚的内容及事实、理由、依据没有异议；②程序保障：应当全程录音录像。（4）本条第4款规定，当场作出治安管理处罚决定的，经办的人民警察应当在24小时以内报所属公安机关备案。

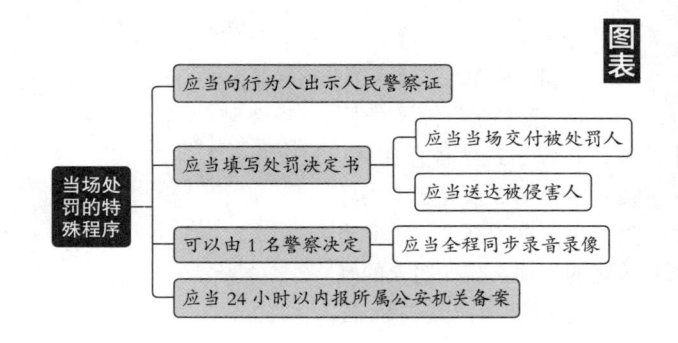

图表

当场处罚的特殊程序：
- 应当向行为人出示人民警察证
- 应当填写处罚决定书
  - 应当当场交付被处罚人
  - 应当送达被侵害人
- 可以由1名警察决定 —— 应当全程同步录音录像
- 应当24小时以内报所属公安机关备案

第一百二十一条　申请行政复议和行政诉讼

沿革 本条对应旧法第102条，内容有调整。

解读 本条是关于被处罚人对治安管理处罚决定不服可以依法获得救济手段的规定。（1）申请主体：被处罚人和被侵害人。旧法规定只有被处罚人可以申请，新法则增加了被侵害人的救济权利。（2）申请事项：①公安机关作出的治安管理处罚决定；②作出的收缴、追缴决定；③采取的有关限制性、禁止性措施；④其他。旧法仅规定"对治安管理处罚决定不服的"可以救济，新法扩大了申请的范围，体现了对被处罚人、被侵害人权利的保护。（3）救济的方式：①可以依法申请行政复议；对行政复议决定不服的，再向人民法院提起行政诉讼。②可以直接向人民法院提起行政诉讼。

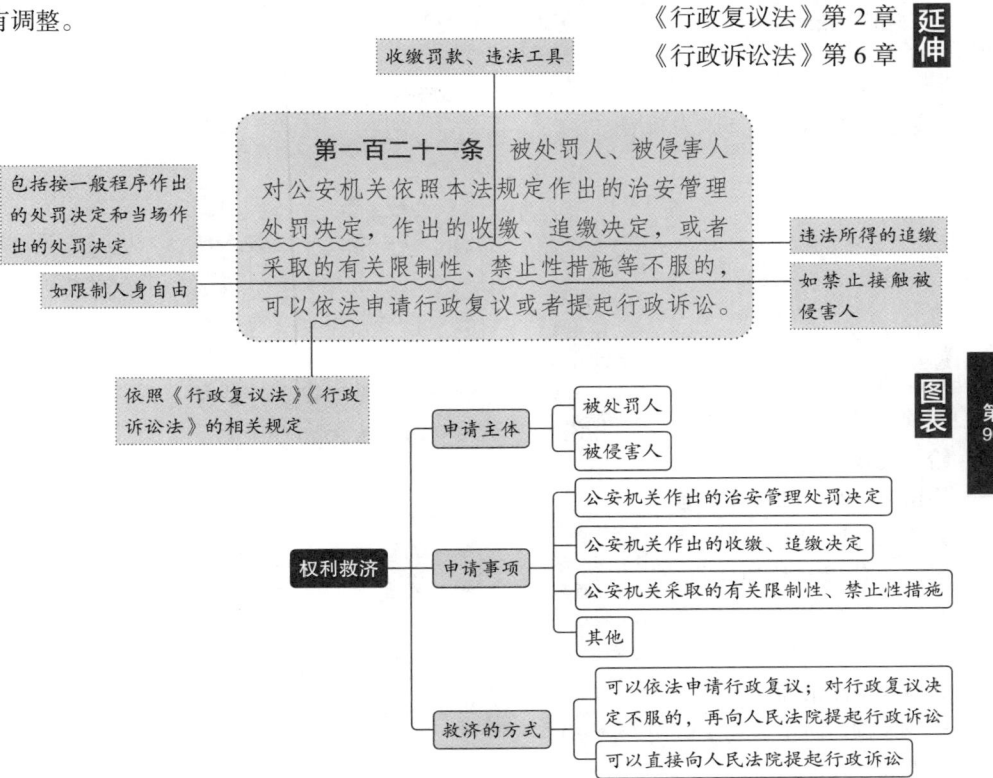

延伸《行政复议法》第2章　《行政诉讼法》第6章

第一百二十一条　被处罚人、被侵害人对公安机关依照本法规定作出的治安管理处罚决定，作出的收缴、追缴决定，或者采取的有关限制性、禁止性措施等不服的，可以依法申请行政复议或者提起行政诉讼。

- 收缴罚款、违法工具
- 包括按一般程序作出的处罚决定和当场作出的处罚决定
- 如限制人身自由
- 违法所得的追缴
- 如禁止接触被侵害人
- 依照《行政复议法》《行政诉讼法》的相关规定

图表 第4章 90~130

权利救济
- 申请主体
  - 被处罚人
  - 被侵害人
- 申请事项
  - 公安机关作出的治安管理处罚决定
  - 公安机关作出的收缴、追缴决定
  - 公安机关采取的有关限制性、禁止性措施
  - 其他
- 救济的方式
  - 可以依法申请行政复议；对行政复议决定不服的，再向人民法院提起行政诉讼
  - 可以直接向人民法院提起行政诉讼

第三节 执 行

第一百二十二条 行政拘留处罚的执行

沿革 本条第 1 款对应旧法第 103 条，有新增内容；第 2 款为新增内容。

延伸
《治安管理处罚法》第 10 条
《公安机关办理行政案件程序规定》第 220~233 条
《拘留所条例》第 9 条

将被处罚人送至拘留所，在一定期限内剥夺其人身自由的处罚方式

有权决定行政拘留处罚的公安机关，即县级人民政府公安机关或者公安分局

对被决定行政拘留处罚的人执行拘留的专门场所

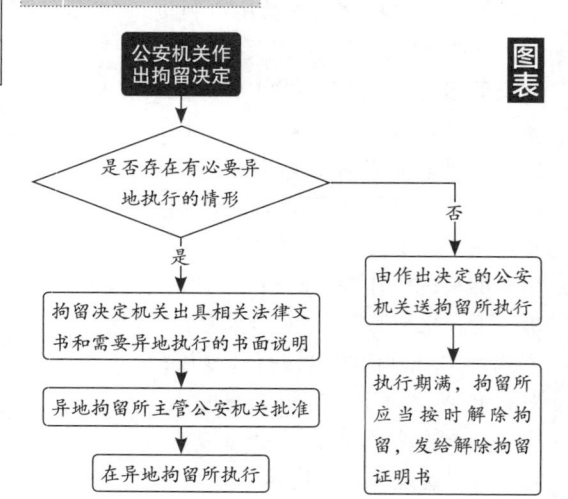

解读 本条规定了行政拘留处罚的执行，分两种情况：(1) 将被决定给予行政拘留处罚的人送拘留所执行。(2) 存在有必要在异地拘留所执行情形的，可以在异地执行。此时，拘留决定机关应当出具相关法律文书和需要异地收拘的书面说明，并经异地拘留所主管公安机关批准，在异地执行。

县级地方人民政府公安机关主管本行政区域拘留所的管理工作

第一百二十二条 对被决定给予行政拘留处罚的人，由作出决定的公安机关送拘留所执行；执行期满，拘留所应当按时解除拘留，发给解除拘留证明书。

被决定给予行政拘留处罚的人在异地被抓获或者有其他有必要在异地拘留所执行情形的，经异地拘留所主管公安机关批准，可以在异地执行。

而非应当

图表

公安机关作出拘留决定
↓
是否存在有必要异地执行的情形
├─ 是 → 拘留决定机关出具相关法律文书和需要异地执行的书面说明 → 异地拘留所主管公安机关批准 → 在异地拘留所执行
└─ 否 → 由作出决定的公安机关送拘留所执行 → 执行期满，拘留所应当按时解除拘留，发给解除拘留证明书

第一百二十三条　罚款处罚的执行

沿革　本条对应旧法第104条，部分内容调整。

解读　本条规定了罚款的执行。行政处罚实行罚缴分离原则，作出罚款的机关与收缴罚款的机关应当分离，一般不允许自罚自收的现象存在。因此，罚款的执行分为两种情形：（1）受到罚款处罚的人自收到处罚决定书之日起15日以内到指定的银行或者通过电子支付系统缴纳罚款。（2）在特定情形下，人民警察可以当场收缴罚款，并按照本法第124条的规定将所收缴罚款交至所属的公安机关，由公安机关缴付指定的银行。这些情形包括：①被处以200元以下罚款，并且被处罚人对罚款无异议的。②须满足以下条件：第一，在边远、水上、交通不便地区，旅客列车上或者口岸；第二，被处罚人到指定的银行或者通过电子支付系统缴纳罚款确有困难；第三，经被处罚人提出。③被处罚人在当地没有固定住所，不当场收缴事后难以执行的。

延伸
《行政处罚法》第67~69条
《治安管理处罚法》第124、135条
《公安机关办理行政案件程序规定》第214条

决定罚款的公安机关（包括公安派出所）将罚款的处罚决定书送达受到罚款处罚的人

罚款的处罚决定书上标明的办理代收罚款业务的银行

作出处罚决定的公安机关所在地

> 第一百二十三条　受到罚款处罚的人应当自收到处罚决定书之日起十五日以内，到指定的银行或者通过电子支付系统缴纳罚款。但是，有下列情形之一的，人民警察可以当场收缴罚款：
> （一）被处二百元以下罚款，被处罚人对罚款无异议的；
> （二）在边远、水上、交通不便地区，旅客列车上或者口岸，公安机关及其人民警察依照本法的规定作出罚款决定后，被处罚人到指定的银行或者通过电子支付系统缴纳罚款确有困难，经被处罚人提出的；
> （三）被处罚人在当地没有固定住所，不当场收缴事后难以执行的。

付款人与收款人之间以非现金的电子形式完成货币交易

对罚款的处罚没有异议，同意当场缴纳罚款

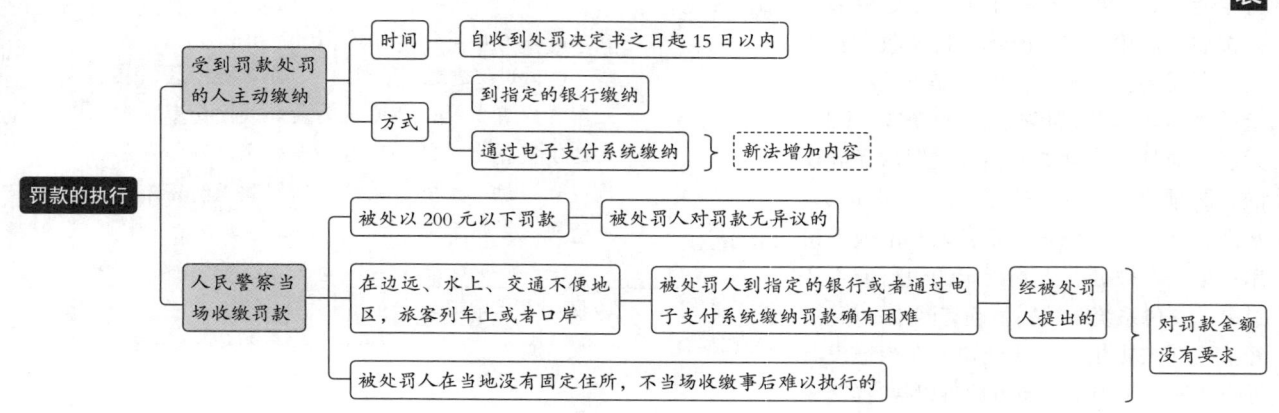

第一百二十三条　罚款处罚的执行（续）

图表

罚款的执行
- 受到罚款处罚的人主动缴纳
  - 时间：自收到处罚决定书之日起 15 日以内
  - 方式：
    - 到指定的银行缴纳
    - 通过电子支付系统缴纳 } 新法增加内容
- 人民警察当场收缴罚款
  - 被处以 200 元以下罚款 —— 被处罚人对罚款无异议的
  - 在边远、水上、交通不便地区，旅客列车上或者口岸 —— 被处罚人到指定的银行或者通过电子支付系统缴纳罚款确有困难 —— 经被处罚人提出的 } 对罚款金额没有要求
  - 被处罚人在当地没有固定住所，不当场收缴事后难以执行的

第一百二十四条 上交当场收缴的罚款

沿革 本条对应旧法第 105 条，措辞有调整。

延伸
《行政处罚法》第 71 条
《治安管理处罚法》第 123、135、139 条
《公安机关办理行政案件程序规定》第 216 条

解读 本条是对人民警察和公安机关上交当场收缴的罚款的规定。人民警察当场收缴罚款，是一种代收罚款的行为。因此，本条规定，对于本法第 123 条规定的人民警察当场收缴的罚款，应当及时交至所属的公安机关：（1）人民警察当场收缴的罚款，应当自收缴罚款之日起 2 日以内，交至所属的公安机关；（2）在水上、旅客列车上当场收缴的罚款，应当自抵岸或者到站之日起 2 日以内，交至所属的公安机关。须注意，此处的情景仅限于"水上、旅客列车上"，与第 123 条第 2 项规定的"在边远、水上、交通不便地区，旅客列车上或者口岸"不完全重合。公安机关应当自收到罚款之日起 2 日以内将罚款缴付指定的银行。

> 第一百二十四条 人民警察当场收缴的罚款，应当自收缴罚款之日起二日以内，交至所属的公安机关；在水上、旅客列车上当场收缴的罚款，应当自抵岸或者到站之日起二日以内，交至所属的公安机关；公安机关应当自收到罚款之日起二日以内将罚款缴付指定的银行。

2 个工作日

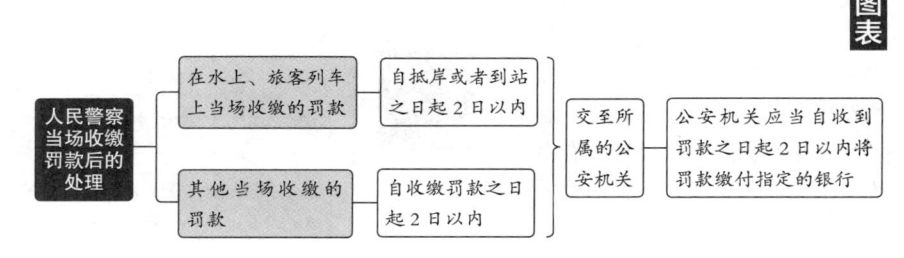

第一百二十五条　当场收缴罚款时出具罚款收据

沿革　本条对应旧法第 106 条，部分内容调整。

延伸　《行政处罚法》第 70 条　《治安管理处罚法》第 123、139 条　《公安机关办理行政案件程序规定》第 215 条

解读　本条是对人民警察当场收缴罚款时出具专用票据的规定。本条的规定主要是为了防止不开或者乱开罚款票据从而导致罚款不入账或者不上缴国库，防止滥罚款以及截留、挪用、贪污罚款，促进廉政建设。本条要件如下：（1）适用于本法第 123 条规定的人民警察当场收缴罚款的情况。（2）出具的票据是省级以上人民政府财政部门统一制发的专用票据。（3）不出具统一制发的专用票据的，被处罚人有拒绝缴纳罚款的合法权利，不构成抗拒执法。

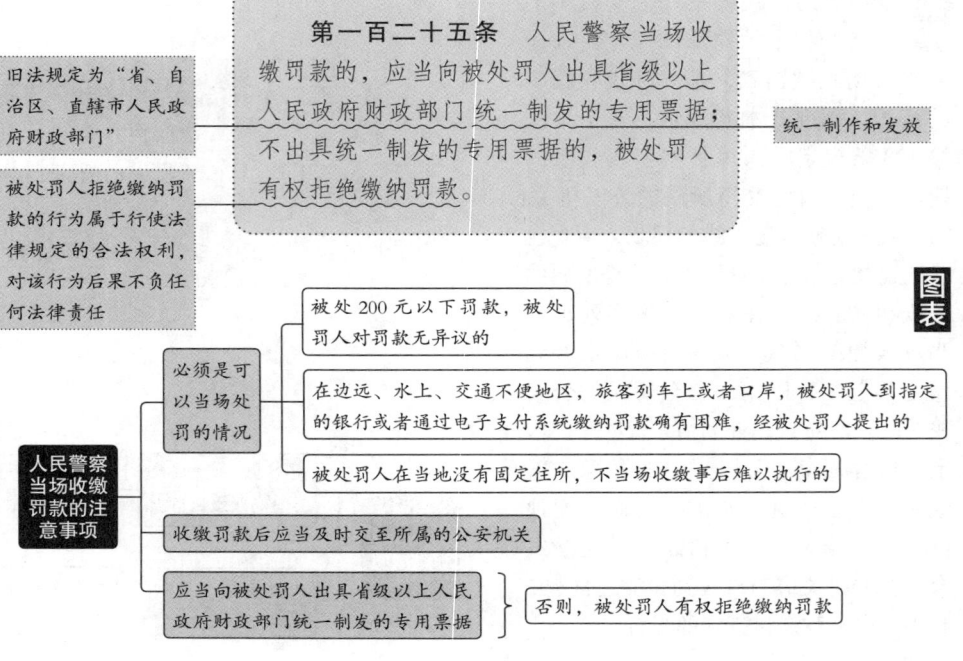

图表

第一百二十五条　人民警察当场收缴罚款的，应当向被处罚人出具省级以上人民政府财政部门统一制发的专用票据；不出具统一制发的专用票据的，被处罚人有权拒绝缴纳罚款。

- 旧法规定为"省、自治区、直辖市人民政府财政部门" → 统一制作和发放
- 被处罚人拒绝缴纳罚款的行为属于行使法律规定的合法权利，对该行为后果不负任何法律责任

人民警察当场收缴罚款的注意事项：
- 必须是可以当场处罚的情况
  - 被处 200 元以下罚款，被处罚人对罚款无异议的
  - 在边远、水上、交通不便地区，旅客列车上或者口岸，被处罚人到指定的银行或者通过电子支付系统缴纳罚款确有困难，经被处罚人提出的
  - 被处罚人在当地没有固定住所，不当场收缴后事后难以执行的
- 收缴罚款后应当及时交至所属的公安机关
- 应当向被处罚人出具省级以上人民政府财政部门统一制发的专用票据 → 否则，被处罚人有权拒绝缴纳罚款

第一百二十六条　暂缓执行行政拘留处罚

沿革 本条第1款对应旧法第107条第1款，新增部分内容，第2款为新增内容。

解读 本条是对暂缓执行行政拘留处罚的适用对象及程序的规定。（1）适用对象：①被处罚人不服行政拘留处罚决定，申请行政复议、提起行政诉讼的。复议诉讼不停止执行，是我国《行政复议法》《行政诉讼法》确立的原则，但是将被处罚人送至拘留所是在一定期限内剥夺其人身自由的处罚方式，故本法规定，复议、诉讼可以暂缓执行。②参加升学考试、子女出生或者近亲属病危、死亡等情形，此规定主要是出于人道主义考虑，体现了处罚与教育相结合的原则。（2）适用前提：公安机关认为暂缓执行行政拘留不致发生社会危险的。如果公安机关认为暂缓执行行政拘留可能会发生社会危险，行政拘留处罚不得暂缓执行。（3）提出主体：①被处罚人本人。②被处罚人的近亲属。（4）适用条件：①由被处罚人或者其近亲属提出符合本法第127条规定条件的担保人；②按每日行政拘留200元的标准交纳保证金。（5）本条第2款规定，被执行行政拘留的人或其近亲属特定情况下申请出所的，参照第1款执行。

被处罚人不服行政拘留处罚决定，依照《行政复议法》和《治安管理处罚法》的有关规定，提出行政复议申请

被处罚人对不服行政拘留处罚规定，直接向人民法院提起行政诉讼，或者在申请行政复议后对行政复议决定不服的，向人民法院提起行政诉讼

延伸
《行政处罚法》第73条
《行政复议法》第2、10、11、42条
《行政诉讼法》第2、12、56条
《治安管理处罚法》第121、127条
《公安机关办理行政案件程序规定》第222~226条

第一百二十六条　被处罚人不服行政拘留处罚决定，申请行政复议、提起行政诉讼的，遇有参加升学考试、子女出生或者近亲属病危、死亡等情形的，可以向公安机关提出暂缓执行行政拘留的申请。公安机关认为暂缓执行行政拘留不致发生社会危险的，由被处罚人或者其近亲属提出符合本法第一百二十七条规定条件的担保人，或者按每日行政拘留二百元的标准交纳保证金，行政拘留的处罚决定暂缓执行。

正在被执行行政拘留处罚的人遇有参加升学考试、子女出生或者近亲属病危、死亡等情形，被拘留人或者其近亲属申请出所的，由公安机关依照前款规定执行。被拘留人出所的时间不计入拘留期限。

被处罚人的夫、妻、父、母、子、女、同胞兄弟姐妹

此处应专指男性，怀孕的女性不执行行政拘留处罚

被处罚人有可能阻碍、逃避公安机关、行政复议机关或者人民法院的传唤、复议、审理和执行的

暂不予执行，而不是不再执行

未执行拘留的时间

第一百二十七条　暂缓执行行政拘留处罚担保人的条件

沿革 本条对应旧法第 108 条。

延伸
《刑法》第 56、57 条
《治安管理处罚法》第 126 条
《公安机关办理行政案件程序规定》第 227~229 条

> **第一百二十七条**　担保人应当符合下列条件：
> （一）与本案无牵连；
> （二）享有政治权利，人身自由未受到限制；
> （三）在当地有常住户口和固定住所；
> （四）有能力履行担保义务。

- 担保人与被处罚人涉及的治安案件没有任何利害关系，担保人既不能是同一治安案件的当事人，也不能是该治安案件的证人
- 担保人未被剥夺政治权利
- 办理该治安案件的公安机关所在地
- 担保人未受到任何剥夺或者限制其人身自由的刑罚处罚，未采取任何剥夺或者限制其人身自由的刑事、行政强制措施，也未受到任何限制其人身自由的行政处罚
- 担保人必须达到一定年龄并具有民事行为能力，而且担保人对被处罚人有一定的影响力，以及担保人的身体状况能使他完成监督被处罚人行为的任务，等等

解读　本条规定了为暂缓执行行政拘留处罚的被处罚人提供担保的担保人必须同时符合的四个条件：（1）担保人必须与本案无牵连，即担保人与被处罚人所涉及的治安案件没有任何利害关系。（2）担保人在为暂缓执行行政拘留处罚的被处罚人提供担保期间，享有政治权利，人身自由未受到限制。（3）担保人必须在当地有常住户口，并且有固定住所。（4）担保人必须有能力履行担保义务。

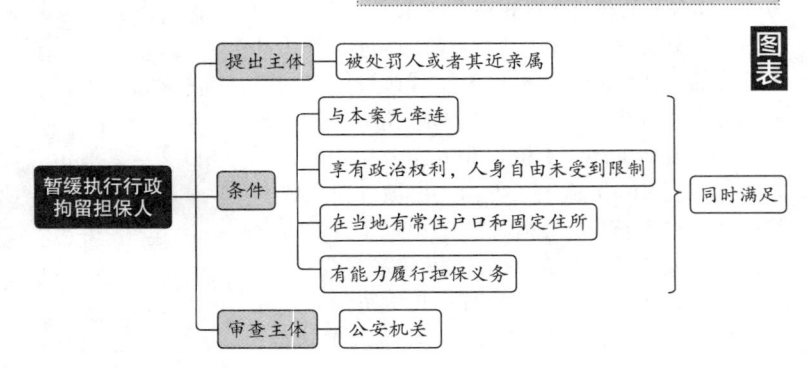

图表

```
                     ┌─ 提出主体 ── 被处罚人或者其近亲属
                     │
                     │              ┌─ 与本案无牵连
                     │              │
暂缓执行行政          │              ├─ 享有政治权利，人身自由未受到限制
拘留担保人 ──────────┼─ 条件 ───────┤                                      同时满足
                     │              ├─ 在当地有常住户口和固定住所
                     │              │
                     │              └─ 有能力履行担保义务
                     │
                     └─ 审查主体 ── 公安机关
```

第一百二十八条　担保人的义务及不履行义务的法律责任

沿革 本条对应旧法第 109 条，部分内容调整。

延伸《治安管理处罚法》第 126、127 条
《公安机关办理行政案件程序规定》第 229 条

解读 本条是对暂缓执行行政拘留担保人的义务及不履行义务的法律责任的规定。（1）本条第 1 款规定，担保人的义务是保证被担保人不逃避行政拘留处罚的执行。根据本法第 126 条的规定，继续执行拘留包括两种情况：①对于行政拘留处罚决定经行政复议后维持，被处罚人未提起行政诉讼的，或者行政拘留处罚决定经行政诉讼后维持的，执行该行政拘留处罚决定的活动。②参加升学考试、子女出生或者近亲属病危、死亡等情形，相关情形消失后，需要继续执行拘留的。（2）本条第 2 款规定了担保人不履行义务的处罚，其适用条件为：①担保人不履行担保义务；②致使被担保人逃避行政拘留的执行。处罚为 3000 元以下罚款。暂缓执行行政拘留的担保人履行了担保义务，但被担保人仍逃避行政拘留处罚执行的，或者被处罚人逃跑后，担保人积极帮助公安机关抓获被处罚人的，可以从轻或者不予行政处罚。

第一百二十八条 担保人应当保证被担保人不逃避行政拘留处罚的执行。
担保人不履行担保义务，致使被担保人逃避行政拘留处罚的执行的，处三千元以下罚款。

担保人未采取任何担保措施，或者严重不负责任，敷衍了事等

被处罚人采取逃跑或者躲避等方式，使经行政复议或者行政诉讼后维持的行政拘留处罚无法执行

本法第 126 条规定的是"暂缓执行"，此处的执行是指需要继续执行拘留处罚

图表 第4章 90~130

担保人的具体义务

- 担保人应当保证被担保人不逃避行政拘留处罚的执行
  - 出具保证书，并到公安机关将被担保人领回
  - 保证被担保人遵守暂缓执行期间的规定
    - 未经决定机关批准不得离开所居住的市、县
    - 住址、工作单位和联系方式发生变动的，在 24 小时以内向决定机关报告
    - 在行政复议和行政诉讼中不得干扰证人作证、伪造证据或者串供
    - 不得逃避、拒绝或者阻碍处罚的执行
  - 发现被担保人伪造证据、串供或者逃跑的，及时向公安机关报告

第一百二十九条　暂缓执行行政拘留保证金的没收

沿革 本条对应旧法第 110 条，部分内容调整。

延伸 《治安管理处罚法》第 126 条
《公安机关办理行政案件程序规定》第 232 条

> **第一百二十九条**　被决定给予行政拘留处罚的人交纳保证金，暂缓行政拘留或者出所后，逃避行政拘留处罚的执行的，保证金予以没收并上缴国库，已经作出的行政拘留决定仍应执行。

被处罚人采取逃跑或者躲避等方式，使经行政复议或者行政诉讼后维持的行政拘留处罚无法执行

没收保证金也属于一种行政处罚，在性质上与罚款处罚类似

解读　本条规定了被处罚人缴纳保证金的情况下，逃避行政拘留处罚的执行的，应当如何处理：（1）保证金予以没收并上缴国库；（2）已经作出的行政拘留决定仍应执行。执行中，在行政复议、行政诉讼期间被处罚人逃避行政拘留处罚的执行的，或者正在执行行政拘留处罚的人遇有参加升学考试、子女出生或者近亲属病危、死亡等情形出所的，应当先将保证金予以没收。在没收保证金后，公安机关还应当查找被处罚人的下落，在找到被处罚人后，仍然要依照本法第 122 条的规定将被处罚人送达拘留所执行行政拘留处罚。

图表

暂缓行政拘留或者出所后，逃避行政拘留处罚的执行的后果
- 提供担保人的情况
  - 由公安机关对担保人处 3000 元以下罚款
  - 被决定给予行政拘留处罚的人被找到后予以拘留
- 交纳保证金的情况
  - 保证金予以没收并上缴国库
  - 已经作出的行政拘留决定仍应执行

例外：担保人履行了担保义务的，可以从轻或者不予行政处罚

第一百三十条 暂缓执行行政拘留保证金的退还

沿革 本条对应旧法第 111 条，部分内容调整。

延伸
《行政复议法》第 64 条
《行政诉讼法》第 70 条
《治安管理处罚法》第 126 条
《公安机关办理行政案件程序规定》第 232 条

> **第一百三十条** 行政拘留的处罚决定被撤销，行政拘留处罚开始执行，或者出所后继续执行的，公安机关收取的保证金应当及时退还交纳人。

- 不得扣留、拖延
- 被行政复议或者行政诉讼撤销
- 交纳保证金的被处罚人或者其近亲属

解读 本条规定了暂缓执行行政拘留保证金退还的情形：（1）针对被处罚人不服行政拘留处罚决定，申请行政复议、提起行政诉讼，因而暂缓执行的情况。①行政拘留的处罚决定被撤销，即经过行政复议或者行政诉讼，原先决定的行政拘留处罚被撤销，则行政拘留的执行依据消失。②行政拘留的处罚决定未被撤销，应当得到执行。（2）针对有参加升学考试、子女出生或者近亲属病危、死亡等情形，因而暂缓执行的情况，相关情形已经消失的，出所人员应当继续执行。上述情形下，拘留决定被撤销或者已经执行，则保证金的担保作用消失，公安机关应当及时将收取的保证金退还交纳人。

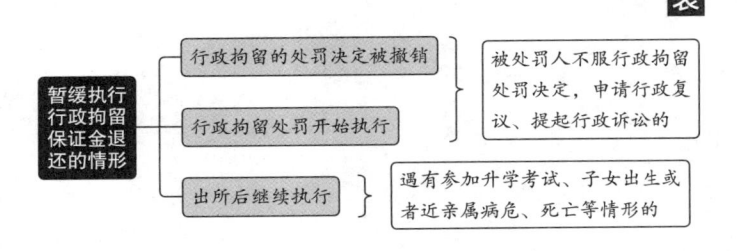

图表

暂缓执行行政拘留保证金退还的情形：
- 行政拘留的处罚决定被撤销 ┐
- 行政拘留处罚开始执行 ┘ 被处罚人不服行政拘留处罚决定，申请行政复议、提起行政诉讼的
- 出所后继续执行 —— 遇有参加升学考试、子女出生或者近亲属病危、死亡等情形的

第五章

执法监督

第一百三十一条 公安机关及其人民警察办理治安案件应当遵循的执法原则

沿革：本条对应旧法第 112 条，部分内容调整。

延伸：《人民警察法》第 2、4 条

第一百三十一条 公安机关及其人民警察应当依法、公正、严格、高效办理治安案件，文明执法，不得徇私舞弊、玩忽职守、滥用职权。

- 公安机关及其人民警察在办理治安案件的过程中，要体现"立警为公，执法为民"思想
- 公安机关及其人民警察在办理治安案件过程中要严格依照本法和有关法律、行政法规执法，一丝不苟
- 公安机关及其人民警察应通过提高自身的业务素质和办案能力，改进工作作风，增强服务意识，本着对工作高度负责的精神，提高执法的效率，及时办理治安案件
- 公安机关及其人民警察办理治安案件要依法进行
- 公安机关及其人民警察在办理治安案件过程中，要尊重当事人的人格，以理服人，以法服人，而不是以权力压人，要讲究语言、行为的方式，讲究工作方法，使被处罚人服气服法，让人民群众满意
- 不负责任，不履行或者不认真履行其职责
- 超越职权、违法决定，处理其无权决定、处理的事项，或者违反规定处理公务
- 秉公执法，不徇私情、私利

图表：

公安机关及其人民警察办理治安案件应当遵循的执法原则
- 办理治安案件
  - 依法
  - 公正
  - 严格
  - 高效
- 文明执法
- 不得
  - 徇私舞弊
  - 玩忽职守
  - 滥用职权

解读：本条是公安机关及其人民警察办理治安案件应当遵循的执法原则，主要包括正反两个方面。（1）正面：应当依法、公正、严格、高效办理治安案件，文明执法。（2）反面：不得徇私舞弊、玩忽职守、滥用职权。新法增加了对于玩忽职守、滥用职权行为的禁止，规定更加全面、完善。

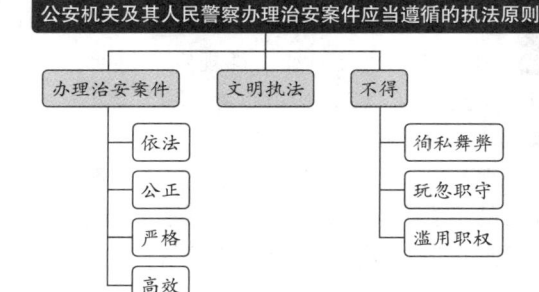

第 5 章 131~140

第一百三十二条　公安机关及其人民警察办理治安案件时的禁止性规定

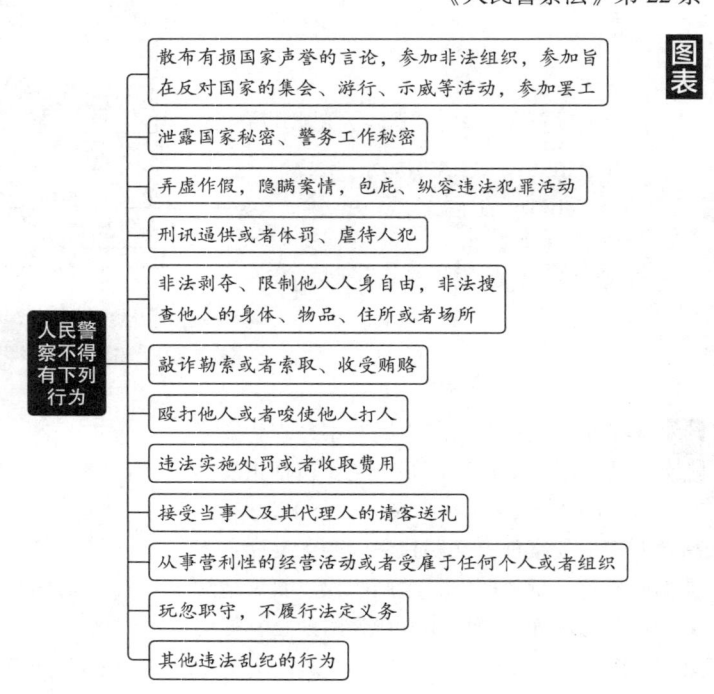

沿革 本条对应旧法第113条。

延伸 《刑法》第247条
《刑事诉讼法》第52条
《人民警察法》第22条

> 第一百三十二条　公安机关及其人民警察办理治安案件，禁止对违反治安管理行为人打骂、虐待或者侮辱。

殴打、捆绑、冻饿、罚站、罚跪、嘲笑、辱骂等，也包括长时间强光照射，采取车轮战术，不间断地询问等以及各种变相的体罚、虐待的方法

解读 本条规定了公安机关及其人民警察办理治安案件时的禁止性规定，包括：（1）禁止打骂。（2）禁止虐待。（3）禁止侮辱。本条体现了对违反治安管理行为人人格尊严的保护，也是本法第131条文明执法的要求。《人民警察法》第22条也规定，禁止刑讯逼供或者体罚、虐待人犯，殴打他人或者唆使他人打人。

图表

人民警察不得有下列行为：
- 散布有损国家声誉的言论，参加非法组织，参加旨在反对国家的集会、游行、示威等活动，参加罢工
- 泄露国家秘密、警务工作秘密
- 弄虚作假，隐瞒案情，包庇、纵容违法犯罪活动
- 刑讯逼供或者体罚、虐待人犯
- 非法剥夺、限制他人人身自由，非法搜查他人的身体、物品、住所或者场所
- 敲诈勒索或者索取、收受贿赂
- 殴打他人或者唆使他人打人
- 违法实施处罚或者收取费用
- 接受当事人及其代理人的请客送礼
- 从事营利性的经营活动或者受雇于任何个人或者组织
- 玩忽职守，不履行法定义务
- 其他违法乱纪的行为

第一百三十三条 公安机关及其人民警察办理治安案件应当接受社会监督

沿革 本条对应旧法第114条，部分内容调整。

延伸 《人民警察法》第46条

> 第一百三十三条 公安机关及其人民警察办理治安案件，应当自觉接受社会和公民的监督。
>
> 公安机关及其人民警察办理治安案件，不严格执法或者有违法违纪行为的，任何单位和个人都有权向公安机关或者人民检察院、监察机关检举、控告；收到检举、控告的机关，应当依据职责及时处理。

- 人民群众及社会上其他单位、团体或组织对公安机关及其人民警察执法活动的监督，包括通过社会舆论对人民警察执行职务的行为提出批评、建议，对人民警察违法行为进行申诉、控告、检举等一系列活动。
- 可以是口头形式提出，也可以是书面形式。
- 主要是指公安机关及其上级机关、行政监察机关及人民检察院等有权查处违法违纪行为的机关。

解读 （1）本条第1款规定，公安机关及其人民警察办理治安案件应当接受社会和公民的监督，这是公安机关及其人民警察的法定义务，公安机关及其人民警察应当虚心接受，并积极纠正错误，提高执法水平。（2）本条第2款规定任何单位和个人都享有控告权。①检举、控告的主体是任何单位和个人。②检举、控告的内容是公安机关及其人民警察办理治安案件时不严格执法或者违法违纪的行为。③收到检举、控告的机关，应当依据职责及时处理，并将处理结果告知检举人、控告人。④应当向公安机关或者人民检察院、监察机关检举、控告。

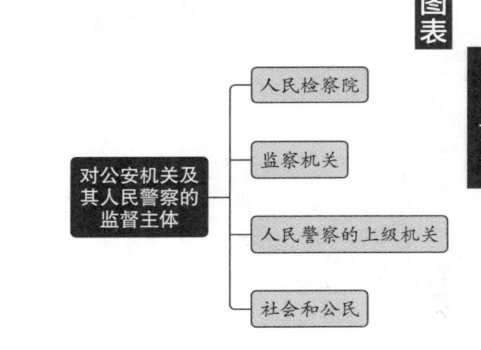

图表

对公安机关及其人民警察的监督主体：
- 人民检察院
- 监察机关
- 人民警察的上级机关
- 社会和公民

第5章 131~140

第一百三十四条 治安管理处罚决定中被处罚人是公职人员的处理

沿革 本条为新增内容。

延伸 《中华人民共和国公职人员政务处分法》
《监察法》第3、15、34条

包括：(1) 中国共产党机关、人民代表大会及其常务委员会机关、人民政府、监察委员会、人民法院、人民检察院、中国人民政治协商会议各级委员会机关、民主党派机关和工商业联合会机关的公务员，以及参照《公务员法》管理的人员；(2) 法律、法规授权或者受国家机关依法委托管理公共事务的组织中从事公务的人员；(3) 国有企业管理人员；(4) 公办的教育、科研、文化、医疗卫生、体育等单位中从事管理的人员；(5) 基层群众性自治组织中从事管理的人员；(6) 其他依法履行公职的人员

第一百三十四条 公安机关作出治安管理处罚决定，发现被处罚人是公职人员，依照《中华人民共和国公职人员政务处分法》的规定需要给予政务处分的，应当依照有关规定及时通报监察机关等有关单位。

并未限制处罚的种类

该法第三章规定了"违法行为及其适用的政务处分"

图表

政务处分的种类：
- 警告
- 记过
- 记大过
- 降级
- 撤职
- 开除

解读 本条规定的是治安管理处罚决定中被处罚人是公职人员的处理。

第5章 131~140

· 158 ·

第一百三十五条　罚款决定与罚款收缴分离

沿革 本条对应旧法第 115 条，部分内容调整。

解读 本条是公安机关实施罚款的决定应当与罚款收缴相分离，以及收缴的罚款应当上缴国库的规定。公安机关作出罚款的决定，但不直接收取罚款，而是由被处罚人本人到指定的银行或者通过电子支付系统缴纳。本原则的例外是本法第 123 条规定的人民警察当场收缴罚款的情况：（1）被处 200 元以下罚款，被处罚人对罚款无异议的；（2）在边远、水上、交通不便地区，旅客列车上或者口岸，公安机关及其人民警察依照本法的规定作出罚款决定后，被处罚人到指定的银行或者通过电子支付系统缴纳罚款确有困难，经被处罚人提出的；（3）被处罚人在当地没有固定住所，不当场收缴事后难以执行的。收缴的罚款应当全部上缴国库，不得返还、变相返还，不得与经费保障挂钩。国家财政实行收支两条线，公安机关执法所需经费的拨付，应按照国家有关规定执行。

延伸
《行政处罚法》第 67 条
《治安管理处罚法》第 123、124 条
《罚款决定与罚款收缴分离实施办法》

> **第一百三十五条** 公安机关依法实施罚款处罚，应当依照有关法律、行政法规的规定，实行罚款决定与罚款收缴分离；收缴的罚款应当全部上缴国库，不得返还、变相返还，不得与经费保障挂钩。

- 任何行政机关、组织或者个人不得以任何形式截留、私分或者变相私分
- 依照本法第 123 条的规定可以当场收缴罚款的除外
- 国家财政实行收支两条线，财政部门不得以任何形式向作出行政处罚决定的行政机关返还罚款

图表

罚款的决定与收缴
- 决定 → 公安机关
- 收缴
  - 受到罚款处罚的人自行缴纳 → 到指定的银行或者通过电子支付系统缴纳罚款
  - 第 122 条规定的三种情形下人民警察可以当场收缴罚款 → 缴付至指定的银行

第 5 章 131~140

第一百三十六条　违法记录封存

沿革 本条为新增内容。

延伸 《刑事诉讼法》第286条
《未成年人保护法》第113条

> **第一百三十六条** 违反治安管理的记录应当予以封存，不得向任何单位和个人提供或者公开，但有关国家机关为办案需要或者有关单位根据国家规定进行查询的除外。依法进行查询的单位，应当对被封存的违法记录的情况予以保密。

采取保密措施，妥善保存

包括在侦查等过程中形成的与违反治安管理行为人违法相关的各种材料

其经查询获取的信息只能用于特定事项、特定范围

解读 本条是违法记录封存的规定。本条对治安管理处罚的种类没有限制。公安机关应当封存违反治安管理行为人的违法记录，除有关国家机关为办案需要或者有关单位根据国家规定进行查询的情况外，不得向任何单位和个人提供或者公开。上述有权查询的单位，对于获得的违法记录的情况应当予以保密，相关信息只能用于特定事项、特定范围。

图表

未成年人违法犯罪记录封存：
- 适用对象：违法、犯罪时未满18周岁
- 适用情形：
  - 违反治安管理
  - 被判处5年有期徒刑以下刑罚
- 封存内容：违法记录、犯罪记录
- 封存要求：不得向任何单位和个人提供 —— 监察机关、司法机关为办案需要或者有关单位根据国家规定进行查询的除外

第一百三十七条　同步录音录像安全管理

沿革　本条为新增内容。

延伸　《治安管理处罚法》第97、100、103、108、120条

> **第一百三十七条**　公安机关应当履行同步录音录像运行安全管理职责，完善技术措施，定期维护设施设备，保障录音录像设备运行连续、稳定、安全。

解读　本条规定了公安机关同步录音录像运行安全管理的义务，主要包括：（1）完善技术措施；（2）定期维护设施设备，以保障录音录像设备运行的连续、稳定和安全。同步录音录像在公安机关行政执法等工作中发挥越来越重要的作用，公安机关应当履行安全管理职责，确保其在公安执法工作中发挥作用。

· 161 ·

第一百三十八条　保护公民个人信息

沿革 本条为新增内容。

延伸
《民法典》第 1034 条
《刑事诉讼法》第 152 条
《个人信息保护法》第 2、4、8 条
《公安机关办理行政案件程序规定》第 8 条

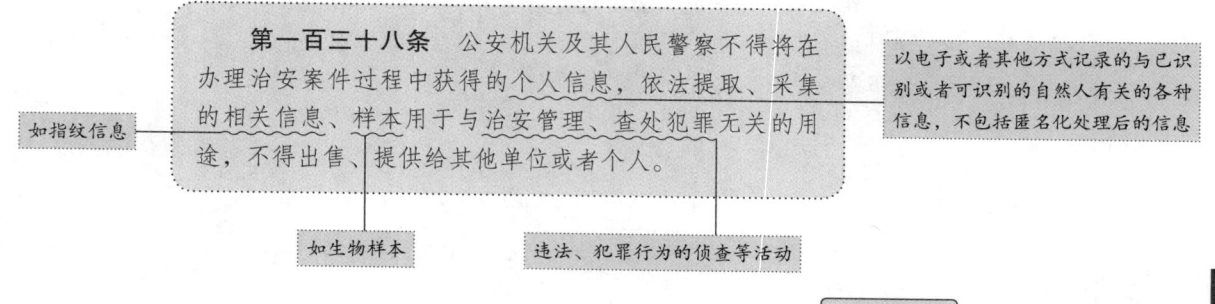

> **第一百三十八条**　公安机关及其人民警察不得将在办理治安案件过程中获得的个人信息、依法提取、采集的相关信息、样本用于与治安管理、查处犯罪无关的用途，不得出售、提供给其他单位或者个人。

- 个人信息：以电子或者其他方式记录的与已识别或者可识别的自然人有关的各种信息，不包括匿名化处理后的信息
- 依法提取、采集的相关信息：如指纹信息
- 样本：如生物样本
- 与治安管理、查处犯罪无关的用途：违法、犯罪行为的侦查等活动

解读 本条是对公民个人信息予以保护的规定。（1）适用对象：①办理治安案件过程中获得的个人信息。②依法提取、采集的相关信息、样本。（2）禁止行为：①不得用于与治安管理、查处犯罪无关的用途。②不得出售、提供给其他单位或者个人。

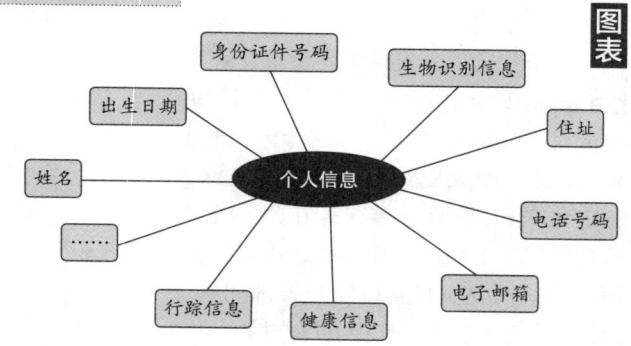

图表

个人信息：身份证件号码、生物识别信息、出生日期、住址、姓名、电话号码、……、电子邮箱、行踪信息、健康信息

第一百三十九条　人民警察在办理治安案件时发生的违法违纪行为及其处罚

沿革 本条对应旧法第116条，部分内容调整，第11~13项为新增内容。

解读（1）本条第1款规定了14种人民警察办理治安案件常见的个人违法行为，对于这些违法行为，应当给予如下处分：①依照《人民警察法》《警衔条例》《公务员法》《行政处罚法》等法律、法规中有关对违法、违纪的人民警察以及公务员予以行政处分的规定给予行政处分，包括警告、记过、记大过、降级、撤职和开除。对受行政处分的人民警察，按照国家有关规定，可以降低警衔、取消警衔。②情节严重或危害后果严重，构成犯罪的，还应当依法追究其刑事责任，包括故意伤害罪、过失致人死亡罪、侮辱罪、刑讯逼供罪、虐待被监管人员罪、贪污罪、挪用公款罪、受贿罪、私分国有资产罪、滥用职权、玩忽职守、徇私舞弊罪等。（2）本条第2款规定了公安机关以单位名义作为执法主体出现第1款违法情形的情况，应当对负有责任的领导人员和直接责任人员依法给予处分。

延伸
《公务员法》第59、62条
《人民警察法》第22、48条
《警衔条例》第21、22条

> 依照《人民警察法》《警衔条例》《公务员法》《行政处罚法》等法律、法规中有关对违法、违纪的人民警察以及公务员予以行政处分的规定 → 行政处分

> 本法第132条
> 本法第97条
> 本法第135条

> 依法对违反治安管理的行为人处以的罚款、没收的保证金、收缴的违禁品、收缴违反治安管理所得的财物、收缴直接用于实施违反治安管理行为的工具等财物

第一百三十九条　人民警察办理治安案件，有下列行为之一的，依法给予处分；构成犯罪的，依法追究刑事责任：

（一）刑讯逼供、体罚、打骂、虐待、侮辱他人的；

（二）超过询问查证的时间限制人身自由的；

（三）不执行罚款决定与罚款收缴分离制度或者不按规定将罚没的财物上缴国库或者依法处理的；

（四）私分、侵占、挪用、故意损毁所收缴、追缴、扣押的财物的；

（五）违反规定使用或者不及时返还被侵害人财物的；

> 既包括违反治安管理行为人，也包括其他的证人、被侵害人等

> 公安机关传唤后应当及时询问查证，询问查证的时间不得超过8小时；涉案人数众多、违反治安管理行为人身份不明的，询问查证的时间不得超过12小时；情况复杂，依照本法规定可能适用行政拘留处罚的，询问查证的时间不得超过24小时

第5章 131~140

第一百三十九条　人民警察在办理治安案件时发生的违法违纪行为及其处罚（续）

- 利用与履行职务有关的方便条件
- 本法第125条
- 依法查处的全过程中的任何阶段，既包括部署阶段，也包括实施阶段
- 本法第94条
- 本法第138条
- 本法第108条
- 本法第131条
- 在以单位名义作出决定时起决策、领导作用的人，一般是单位的领导或者负责人，如公安局局长、副局长

- 本法第129条
- 被决定给予行政拘留处罚的人交纳的暂缓执行的保证金
- 包括收受他人的金钱、有价证券、礼品及各种物品，或者接受他人提供的免费旅游、服务，等等

（六）违反规定不及时退还保证金的；
（七）利用职务上的便利收受他人财物或者谋取其他利益的；
（八）当场收缴罚款不出具专用票据或者不如实填写罚款数额的；
（九）接到要求制止违反治安管理行为的报警后，不及时出警的；
（十）在查处违反治安管理活动时，为违法犯罪行为人通风报信的；
（十一）泄露办理治安案件过程中的工作秘密或者其他依法应当保密的信息的；
（十二）将在办理治安案件过程中获得的个人信息，依法提取、采集的相关信息、样本用于与治安管理、查处犯罪无关的用途，或者出售、提供给其他单位或者个人的；
（十三）剪接、删改、损毁、丢失办理治安案件的同步录音录像资料的；
（十四）有徇私舞弊、玩忽职守、滥用职权，不依法履行法定职责的其他情形的。

办理治安案件的公安机关有前款所列行为的，对负有责任的领导人员和直接责任人员，依法给予处分。

- 人民群众在受到违反治安管理行为的侵害，处于危难之中向人民警察发出的求助；也包括人民群众发现有违反治安管理行为发生，向人民警察报案，要求人民警察予以制止；还包括发生了民间纠纷，人民群众要求调解等
- 在依法查处违反治安管理活动时，将采取行动的时间、地点、对象等部署情况以及有关的消息告知违法行为人本人或与其相关的人
- 直接负责办理某项事务或某个案件的公安民警

第一百四十条　公安机关及其人民警察违法行使职权侵犯公民、法人和其他组织合法权益的赔偿责任

沿革 本条对应旧法第117条。

延伸《国家赔偿法》6~16、32~37条

> 第一百四十条　公安机关及其人民警察违法行使职权，侵犯公民、法人和其他组织合法权益的，应当赔礼道歉；造成损害的，应当依法承担赔偿责任。

必须是现实的、直接的损害，将来可能受到的损害不包括在内。

主要包括：（1）超过本法规定的询问查证时间限制人身自由；（2）在办理治安案件时，采用打骂、侮辱等刑讯逼供的手段；（3）违反法律规定，对不应当给予拘留处罚的给予拘留处罚；（4）违法实施罚款、吊销许可证的处罚；（5）违法处理收缴、扣押的财物等。

解读 本条是公安机关及其人民警察违法行使职权侵犯公民、法人和其他组织合法权益的赔偿责任的规定。（1）公安机关及其人民警察首先应当道歉。（2）造成损害的，应当依法承担赔偿责任。这种赔偿责任是一种行政赔偿责任，即国家赔偿。如果国家机关及其工作人员与行使职权无关的侵权行为，不发生国家赔偿问题，而应当由该机关或者该机关的工作人员对损害后果负民事赔偿责任。赔偿机关赔偿后，应当责令故意或者有重大过失的人民警察承担部分或者全部赔偿费用。

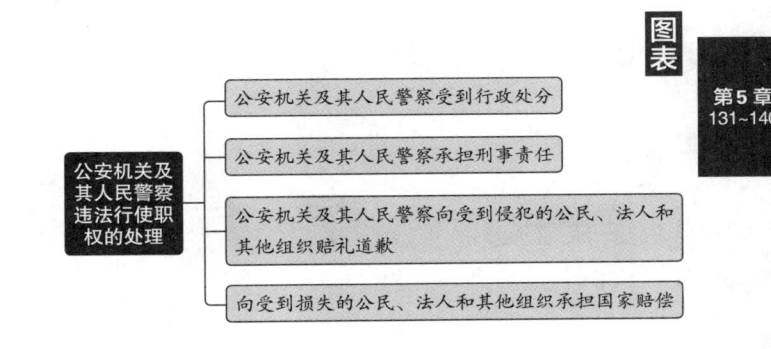

图表

公安机关及其人民警察违法行使职权的处理
- 公安机关及其人民警察受到行政处分
- 公安机关及其人民警察承担刑事责任
- 公安机关及其人民警察向受到侵犯的公民、法人和其他组织赔礼道歉
- 向受到损失的公民、法人和其他组织承担国家赔偿

第5章 131~140

第六章

附　则

第一百四十一条　其他法律规定由公安机关给予处罚的

沿革 本条为新增内容。

延伸
《治安管理处罚法》第4、122条
《枪支管理法》第40、42~44条
《民用爆炸物品安全管理条例》第44、46、47~51条
《违反公安行政管理行为的名称及其适用意见》

解读 本条规定了其他法律规定由公安机关给予处罚的情况。（1）本条第1款规定，其他法律规定，对某一违法行为应当给予行政拘留处罚的：①由公安机关根据其他法律的规定给予行政拘留处罚；②其处罚程序适用本法规定。（2）本条第2款规定，直接关系公共安全和社会治安秩序的法律、行政法规规定，由公安机关实施处罚的程序，相关程序应当适用本法的规定。（3）本条第3款规定了本法与其他法律、行政法规竞合时的适用原则。

> **第一百四十一条**　其他法律中规定由公安机关给予行政拘留处罚的，其处罚程序适用本法规定。
>
> 公安机关依照《中华人民共和国枪支管理法》《民用爆炸物品安全管理条例》等直接关系公共安全和社会治安秩序的法律、行政法规实施处罚的，其处罚程序适用本法规定。
>
> 本法第三十二条、第三十四条、第四十六条、第五十六条规定给予行政拘留处罚，其他法律、行政法规同时规定给予罚款、没收违法所得、没收非法财物等其他行政处罚的行为，由相关主管部门依照相应规定处罚；需要给予行政拘留处罚的，由公安机关依照本法规定处理。

— 规定有行政拘留相关处罚的法律

— 不限于拘留，而是包括所有治安管理处罚

第6章　141~144

第一百四十二条　海警机构履行海上治安管理职责行使公安机关的职权

沿革 本条为新增内容。

延伸 《海警法》第 2、3、12、23、29~33、37 条

> 人民武装警察部队海警部队即海警机构，统一履行海上维权执法职责

第一百四十二条　海警机构履行海上治安管理职责，行使本法规定的公安机关的职权，但是法律另有规定的除外。

解读　本条是海警机构履行海上治安管理职责行使公安机关的职权的规定。海警机构是人民武装警察部队，实施海上治安管理，查处海上违反治安管理、入境出境管理的行为，防范和处置海上恐怖活动，维护海上治安秩序。海警机构履行海上治安管理职责，行使本法规定的公安机关的职权。但法律另有规定的，依照其规定。

第一百四十三条 "以上""以下""以内"的含义

沿革 本条对应旧法第118条。

> 第一百四十三条 本法所称以上、以下、以内,包括本数。

解读 根据本条规定,本法所称的"以上、以下、以内"均包括本数在内。如"处五日以上十日以下拘留",表示拘留的最短时间是5日,最长时间是10日。

第一百四十四条　本法的施行时间

沿革 本条对应旧法第 119 条。

> 第一百四十四条　本法自2026年1月1日起施行。

解读 本条规定的是本次修订的新法的施行时间。在此日期之前，应当适用修订前的《治安管理处罚法》即2005年制定、2012年修正的版本的规定。在此日期之后，应当适用修订后的版本。

第一章 总则

- 第一条 立法目的
- 第二条 坚持党的领导和综合治理
- 第三条 违反治安管理行为的特征和性质
- 第四条 治安管理处罚的程序规定
- 第五条 适用范围
- 第六条 治安管理处罚的基本原则
- 第七条 主管部门和管辖
- 第八条 违反治安管理的行为与民事责任、刑事责任
- 第九条 调解处理治安案件

第二章 处罚的种类和适用

- 第十条 处罚的种类
- 第十一条 违禁品、非法财物、违法所得的处理
- 第十二条 未成年人违反治安管理的处罚
- 第十三条 对精神病人、智力残疾人的处罚
- 第十四条 对盲人或者又聋又哑人的处罚
- 第十五条 对醉酒的人的处罚及措施
- 第十六条 对实施多种违反治安管理行为的处理
- 第十七条 对共同违反治安管理的处罚
- 第十八条 单位违反治安管理的处罚
- 第十九条 正当防卫
- 第二十条 从轻、减轻或者不予处罚
- 第二十一条 从宽处罚
- 第二十二条 从重处罚
- 第二十三条 不执行行政拘留处罚的情形
- 第二十四条 未成年人矫治教育
- 第二十五条 违反治安管理行为的追究时效

第三章 违反治安管理的行为和处罚

第一节 扰乱公共秩序的行为和处罚

- 第二十三条 扰乱单位、公共场所、公共交通工具和选举秩序的行为和处罚
- 第二十四条 扰乱大型群众性活动秩序的行为和处罚
- 第二十五条 扰乱公共秩序的行为和处罚
- 第二十六条 寻衅滋事行为和处罚
- 第二十七条 对组织、利用邪教扰乱社会秩序，冒用宗教、气功名义扰乱公共秩序，制作、传播邪教资料的行为和处罚
- 第二十八条 扰乱无线电管理秩序的行为和处罚
- 第二十九条 侵入、破坏计算机信息系统的行为和处罚
- 第三十条 组织、领导传销活动以及胁迫、诱骗他人参加传销活动的行为和处罚
- 第三十一条 侵害英雄烈士名誉、荣誉等行为和处罚

第三章 违反治安管理的行为和处罚

第二节 妨害公共安全的行为和处罚

- 第三十六条 违反危险物质管理的行为和处罚
- 第三十七条 危险物质被盗、被抢、丢失不报的行为和处罚
- 第三十八条 非法携带管制器具的行为和处罚
- 第三十九条 盗窃、损毁公共设施的行为和处罚
- 第四十条 妨害航空器飞行安全的行为和处罚
- 第四十一条 妨害铁路、城市轨道交通运行安全的行为和处罚
- 第四十二条 妨害火车、城市轨道交通列车行车安全的行为和处罚
- 第四十三条 擅自安装使用电网、道路施工妨得人安全、破坏道路施工安全设施、破坏公共设施、升空物体、高空抛物的行为和处罚
- 第四十四条 举办大型活动违反有关规定的行为和处罚
- 第四十五条 公共活动场所违反规定妨害公共安全的行为和处罚
- 第四十六条 违法飞行、升放物体的行为和处罚

第三章 违反治安管理的行为和处罚

第三节 侵犯人身权利、财产权利的行为和处罚

- 第四十七条 恐怖表演的行为和处罚
- 第四十八条 组织、胁迫未成年人在不适宜未成年人活动的经营场所从事有偿陪侍活动的行为和处罚
- 第四十九条 胁迫、诱骗或利用他人乞讨的行为和处罚
- 第五十条 侵犯人身权利的行为和处罚
- 第五十一条 殴打他人、故意伤害他人身体的行为和处罚
- 第五十二条 猥亵他人、故意裸露身体隐私部位的行为和处罚
- 第五十三条 虐待家庭成员、遗弃被扶养人的行为和处罚
- 第五十四条 强迫交易的行为和处罚
- 第五十五条 破坏民族团结的行为和处罚
- 第五十六条 侵犯公民个人信息的行为和处罚
- 第五十七条 侵犯通信自由的行为和处罚
- 第五十八条 故意损毁公私财物的行为和处罚
- 第五十九条 盗窃、诈骗、哄抢、抢夺或者敲诈勒索的行为和处罚
- 第六十条 学生欺凌、学校违反规定不报告或者处置侵害未成年人的行为和处罚

第三章 违反治安管理的行为和处罚

第四节 妨害社会管理的行为和处罚

- 第六十一条 拒不执行人民政府发布的决定、命令执行公务的行为和处罚
- 第六十二条 冒充他人招摇撞骗的行为和处罚
- 第六十三条 伪造、变造或者买卖公文、证件、证明文件、有价票证、凭证、船舶户牌的行为和处罚
- 第六十四条 船舶擅自进入、停靠禁、限入水域或岛屿的行为和处罚
- 第六十五条 违反社会组织和特种行业的管理规定的行为和处罚
- 第六十六条 煽动、策划非法集会、游行、示威的行为和处罚
- 第六十七条 从事旅馆业经营活动中违反治安管理的行为和处罚
- 第六十八条 房屋出租人违反治安管理的行为和处罚
- 第六十九条 娱乐场所和公章刻制、机动车修理、报废机动车回收行业经营者不依法登记信息的行为和处罚
- 第七十条 非法安装、使用、提供窃听、窃照专用器材的行为和处罚
- 第七十一条 典当业、废旧物品收购业的非法行为和处罚
- 第七十二条 妨害执法秩序的行为和处罚
- 第七十三条 妨害司法秩序的行为和处罚
- 第七十四条 依法被关押的违法行为人脱逃的行为和处罚
- 第七十五条 妨害文物管理的行为和处罚

第三章 违反治安管理的行为和处罚

第四节 妨害社会管理的行为和处罚

- 第七十六条 非法驾驶交通工具的行为和处罚
- 第七十七条 破坏他人尸体或者户体招领的行为和处罚
- 第七十八条 卖淫、嫖娼和拉客招嫖的行为和处罚
- 第七十九条 引诱、容留、介绍他人卖淫，出租淫秽物品及传播淫秽信息的行为和处罚
- 第八十条 制作、运输、复制、出售、出租淫秽物品及传播淫秽信息的行为和处罚
- 第八十一条 其他淫秽活动的行为和处罚
- 第八十二条 为赌博提供条件和赌博的行为和处罚
- 第八十三条 违反毒品原植物管理规定的行为和处罚
- 第八十四条 非法持有、向他人提供以及注射毒品的行为和处罚
- 第八十五条 引诱、教唆、欺骗或者强迫他人吸食、注射毒品，容留他人吸食、注射毒品或者介绍买卖毒品的行为和处罚
- 第八十六条 非法生产、经营、购买、运输制毒物品的行为和处罚
- 第八十七条 为违法犯罪行为通风报信或提供条件的行为和处罚
- 第八十八条 产生社会生活噪声的行为和处罚
- 第八十九条 饲养动物干扰他人正常生活的行为和处罚

第四章 处罚程序

第一节 调查

- 第九十条 公安机关对治安案件的立案及处理
- 第九十一条 严禁以非法手段收集证据
- 第九十二条 公安机关收集、调取证据权，以及有关单位和个人的相关义务、责任
- 第九十三条 办理刑事案件过程中以及其他执法办案机关在移送治安案件前依法收集的证据材料
- 第九十四条 公安机关及其人民警察在办理治安案件时的保密义务
- 第九十五条 人民警察在办理治安案件过程中的回避
- 第九十六条 传唤与强制传唤
- 第九十七条 传唤后的询问查证
- 第九十八条 询问笔录、书面材料，询问不满18周岁的违反治安管理行为人
- 第九十九条 询问被侵害人或者其他证人
- 第一百条 异地询问和通过远程视频方式询问
- 第一百零一条 询问聋哑人和不通晓当地通用的语言文字的人
- 第一百零二条 人身检查、提取、采集生物样本
- 第一百零三条 场所、人身、物品检查
- 第一百零四条 检查笔录的制作
- 第一百零五条 公安机关办理治安案件时对物品的扣押
- 第一百零六条 鉴定
- 第一百零七条 辨认
- 第一百零八条 进行调查取证工作的人民警察不得少于二人，以及可以由一名人民警察进行的情况

第四章 处罚程序

第二节 决定

- 第一百零九条 治安管理处罚的决定机关
- 第一百一十条 行政拘留的折抵
- 第一百一十一条 违反治安管理行为人的陈述与其他证据的关系
- 第一百一十二条 公安机关的告知义务和违反治安管理行为人的陈述和申辩权
- 第一百一十三条 治安案件调查结束后的处理
- 第一百一十四条 处罚决定书的宣告、送达
- 第一百一十五条 处罚决定书的制作
- 第一百一十六条 法制审核
- 第一百一十七条 听证
- 第一百一十八条 办案期限
- 第一百一十九条 当场处罚
- 第一百二十条 当场处罚应遵守的程序
- 第一百二十一条 申请行政复议和行政诉讼

第四章 处罚程序

第三节 执行

- 第一百二十二条 行政拘留处罚的执行
- 第一百二十三条 罚款处罚的执行
- 第一百二十四条 上交当场收缴的罚款
- 第一百二十五条 当场收缴罚款时出具罚款收据
- 第一百二十六条 暂缓执行行政拘留处罚
- 第一百二十七条 暂缓执行行政拘留处罚担保人的条件
- 第一百二十八条 担保人的义务及不履行义务的法律责任
- 第一百二十九条 暂缓执行行政拘留保证金的没收
- 第一百三十条 暂缓执行行政拘留保证金的退还

第五章 执法监督

- 第一百三十一条 公安机关及其人民警察办理治安案件应当遵循的执法原则
- 第一百三十二条 公安机关及其人民警察办理治安案件时的禁止性规定
- 第一百三十三条 公安机关及其人民警察办理治安案件应当接受社会监督
- 第一百三十四条 治安管理处罚决定中被处罚人是公职人员的处理
- 第一百三十五条 罚款决定与罚款收缴分离
- 第一百三十六条 违法记录封存
- 第一百三十七条 同步录音录像安全管理
- 第一百三十八条 保护公民个人信息
- 第一百三十九条 人民警察在办理治安案件时发生的违法违纪行为及其处罚
- 第一百四十条 公安机关及其人民警察违法行使职权侵犯公民、法人和其他组织合法权益的赔偿责任

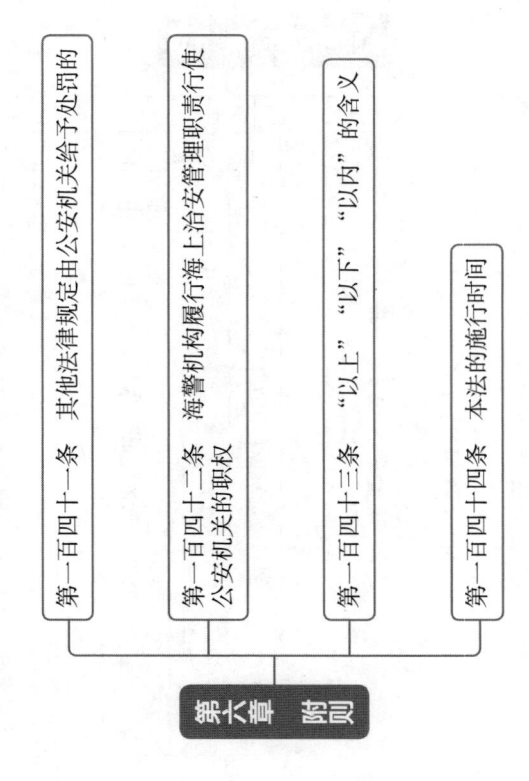

```
第一百四十一条  其他法律规定由公安机关给予处罚的
第一百四十二条  海警机构履行海上治安管理职责行使公安机关的职权
第一百四十三条  "以上""以下""以内"的含义
第一百四十四条  本法的施行时间
```

第六章 附则

记录栏

总结栏

笔记栏

笔记栏

摘要栏

总结栏

总结栏 | 记录栏

笔记栏

笔记栏

读书栏

总结栏

总结栏 | 记录栏

笔记栏

笔记栏

疑案栏

总结栏

总结栏	线索栏
	笔记栏

笔记栏

总结栏

纪事栏

总结栏	ංදාන්
	笔记栏

笔记栏

残卷栏

总结栏

总结栏

侦察栏

笔记栏

笔记栏

线索栏

总结栏

总结栏

印象栏

笔记栏

笔记栏

收获栏

总结栏

总结栏

重点栏

笔记栏

笔记栏

线索栏

总结栏

总结栏	答案栏
	笔记栏

笔记栏

残案栏 总结栏

错题栏	答案栏
	笔记栏

笔记栏

总结栏

提案栏